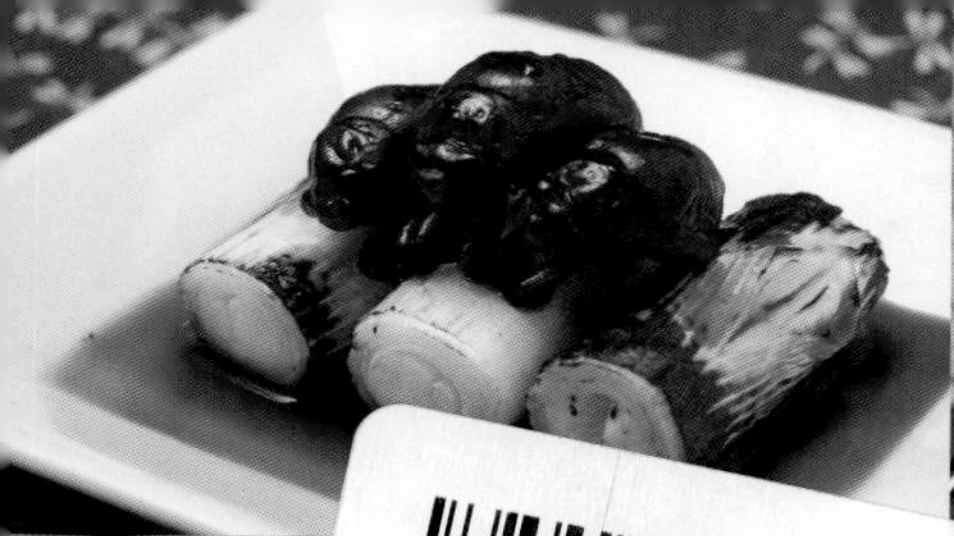

セミの煮付け（P24）
マダガスカルゴキブリ（食材メモ）
タガメそうめん（P26）
ナメクジの酢みそ和え（P28）

若虫ちらし（P12）
コシアブラの天ぷら ヤゴの素揚げ添え（P14）
セミずし（P20）
セミの親子揚げ（P22）

※カッコ内は掲載ページ

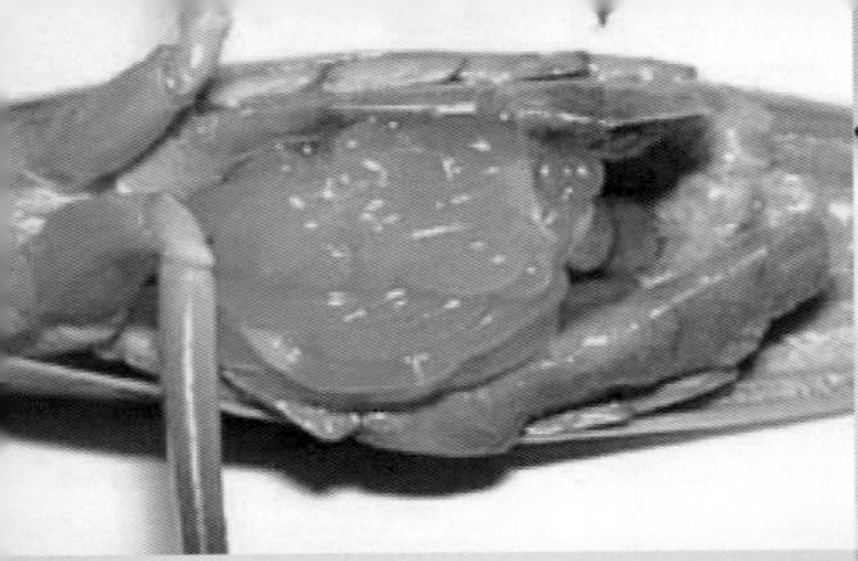

カマキリのお腹に詰まった卵（食材メモ）
ツムギアリ（食材メモ）
ベニガラスズメの磯辺揚げ･みそダレ（P44）
ヤママユガとさつまいもの甘煮（P46）

ハナムグリとにんじんのごま炒め（P30）
オオスズメバチ前蛹の湯通し（P32）
オオスズメバチの串焼き（P34）
トノサマバッタの天ぷら（P38）

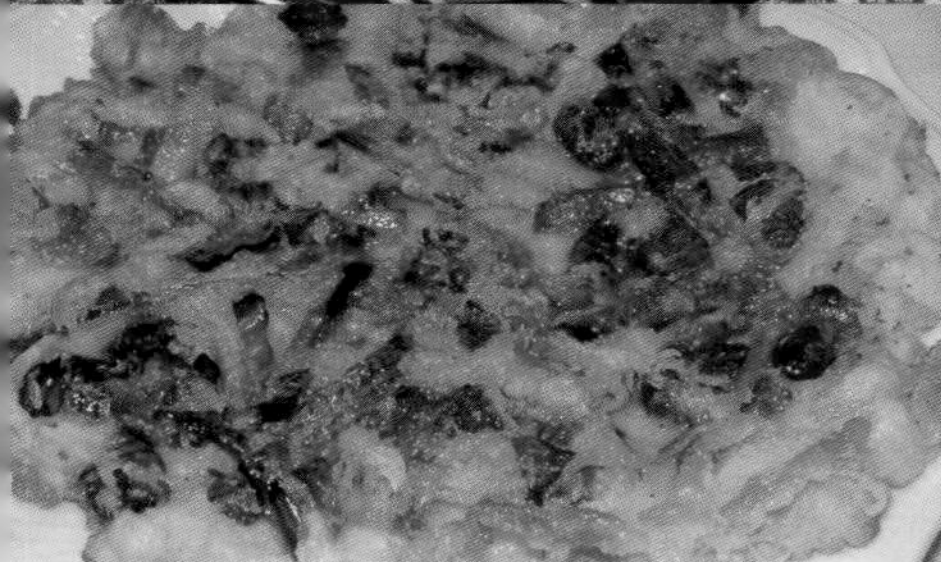

レンコンしんじょ カイコ卵ちらし（P62）
虫ミックスお好み焼き（P64）
ヤゴとクレソンのサラダ·アンチョビ風味（P82）
たたみいわしとヘビトンボの
ミルフィーユ仕立て（P84）

ハチの子と白マダゴキの雑煮（P52）
カイコとハチの紅白かまぼこ包み（P54）
マダゴキと赤かぶのなます（P56）
虫納豆（P60）

バグミックスカナッペ（P94）
ハチの子（食材メモ）
タガメ風味の旬のバグピザ（P100）
スズメバチときのこの
スパゲッティ・カルボナーラ（P102）

ジバチのせクラッカー（P86）
ジャイアントミールワーム（食材メモ）
クモと卵のファルシー（P90）
マダゴキのバター焼き（P92）

アリの子のポタージュ（P112）
カイコのオニオンスープ（P116）
スズメバチとカイコの
パプリカ詰めリゾット（P118）
スズメバチのキッシュ（P120）

コオロギのカレー（P104）
カイコさなぎ（食材メモ）
ミールワームのサンド（P108）
ワームと大豆ミートのハンバーグ（P110）

昆虫八宝菜（P162）
かに玉風コオロギの甘酢あんかけ（P165）
虫菜飯（P172）
腐乳に漬け込んだカイコさなぎ（P174）

セミフライとジャイミルのフリッター（P124）
アリの子のパンプキンシチュー（P127）
タガメ風味のコオロギと
イナゴのチーズ焼き（P130）
サクサンシューマイのカマキリちらし（P160）

虫のキムチ漬け（P186）
ポンテギのピリ辛田楽（P188）
スズメバチとタガメの
タマリンド風味カレー（P192）
タイワンツチイナゴの生春巻き（P194）

ジャイミルのゴーヤーチャーハン（P176）
カマキリ（食材メモ）
アリの子とカイコの中華まん（P178）
アリとハチとサクサンのチゲ（P184）

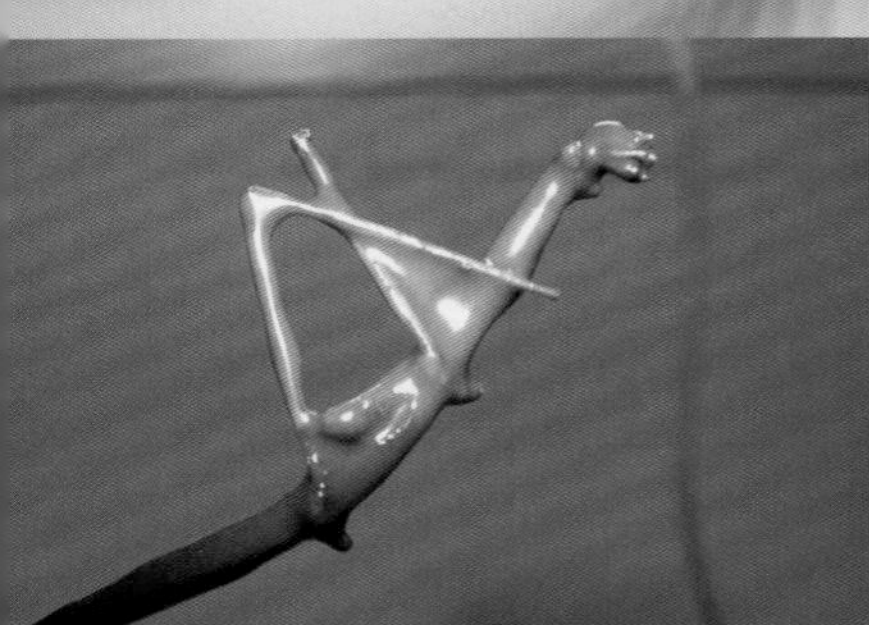

サクラケムシ最中（P226）
スズメバチのスチームケーキ（P228）
タガメ風味のタルトレット（P232）
バグチョコミックス（P234）

バグミックスタコス（P198）
コオロギ（食材メモ）
アリの子と桑グミコンポート入り
寒天ゼリー（P222）
クリムシようかん（P224）

新装版

楽しい昆虫料理

内山昭一

ビジネス社

まえがき

昆虫料理の世界へようこそ。本書を手に取られたあなたの好奇心に敬意を表します。さあごいっしょに、おいしく楽しい昆虫料理の扉を叩きましょう。

本書では昆虫食よりも昆虫料理という用語を多く使っています。昆虫食と聞くと佃煮を思い浮かべる人が多いでしょう。でも昆虫にはもっとさまざまなおいしい食べ方があるはずです。肉料理や魚料理があるように、昆虫料理というジャンルがあってもいいのではないでしょうか。

いまでこそ昆虫はあまり食べられていませんが、人類は誕生以来昆虫を日常食として、厳しいサバイバル状況を生き抜いてきたのです。大型獣と違って昆虫は身近にたくさんいて、とくに道具がなくても手で取ることができたからです。

大正期の「食用及薬用昆虫ニ関スル調査」〈三宅恒方、1919（大正8）年〉では、食べられている昆虫として約55種類が挙げられています。第二次世界大戦直後の調査「食用昆虫の利用状況」、『文化と昆虫』〈野村健一、1946（昭和21）年〉を見ると、約20種類の昆虫が食べられています。ところが1964年の東京オリンピック、1970年の大阪万国博と続く高度経済成長のなかで、日本の昆虫食文化は急速に衰えていきます。こうしてみると昆虫が日本の食膳から消えたのはごく最近のことのようです。いまでも信州など一部の地域では根強く残っています。世界的にみるとどうでしょうか。現在主にアジア・アフリカ地域で約2000種以上の昆虫が食べられているといわれています。

食に関するさまざまな矛盾が噴出している今日、昆虫がふたたび有望な食料として見直され始めています。その魅力はどこにあるのでしょうか。

一　人間の食料と競合しないこと

生ゴミなどの廃棄物や人間が食べない有機物資源を餌として活用できます。昆虫を食料として考えたとき、牛肉1kgを得るのに穀物10kgあまりも必要、といった矛盾を解決する新たな糸口がみえてきます。

二　省スペース飼育であること

大型家畜と違って昆虫は狭い設備で多数を飼育でき、管理もとても簡単です。「昆虫牧場」が各家庭で実現可能です。

三　優良な健康食品であること

昆虫は栄養的に申し分ない食べ物です。エネルギー、タンパク質、脂肪、アミノ酸スコアはいずれも肉や魚と同等程度ですし、各種ミネラルやビタミンそして食物繊維も豊富です。

ところで、食料としての魅力に加え、昆虫料理の楽しさは、捕って調理して食べるという一連のプロセスを体験できることにもあります。生命維持に欠かせない食物に能動的に関わることで、本能的な充足感が得られるからです。こうした充足感は現代人にはなかなか得難いものです。人間には動く物を捕らえようとする衝動があり、日常ではそうした行為は抑圧されています。昆虫採集は人間の本能をつかさどる脳幹＝《爬虫類脳》を抑圧から解放してくれるともいえるのではないでしょうか。

つぎに調理ですが、ここで本書が活躍します。これまで研究会の仲間と食べてきた昆虫と調理法についてまとめたものが本書です。食べてみたいのだがどうやって食べたらいいか分からない、という声をよく耳にします。本書では和・洋・中からエスニックまで昆虫料理レシピを多数収めています。また「食材メモ」では代表的な昆虫食材を種類別に分け、調理法、入手のしかた、捕れる季節、保存法などを簡単に分かりやすくまとめています。その他バラエティーに富んだコラムもおいしく食べるための参考になるでしょう。奥本大三郎先生（フランス文学者、NPO法人日本アンリ・ファーブル会理事長、ファーブル昆虫館館長）との昆虫食談義も面白くお読みいただけることでしょう。

大正期の政治家であり美食家でもあった木下謙次郎著『美味求真《びみきゅうしん》』（1925（大正14）年）

は、食通の原典としていまでも読み継がれています。昆虫食を含む「悪食篇」の冒頭に興味深い一節があります。「はじめは悪食と認めらるゝ物も屢々之を口にするに従つて次第に美味を感じ來り、遂には善食となることなきに非ず。されば結局食品は舌の教育次第にて悪食とも善食ともなり得るものにして、食に善悪の別を立つるは困難なりとす。」とし、さらに続けて「慶應の頃ほひ徳川慶喜が大阪にて豚肉を食ふや、世人其の悪食に驚きて豚一のあだ名を呈せしは僅かに五十余年前の事なるが、今日にては豚は國民の善食として缺くべからざるものとなれり。」と結んでいます。

本書がみなさんの「舌の教育」にいささかでも貢献できたら幸いです。さらに「五十余年後」に昆虫食における本書の役割が評価されることを願いつつ……。ではどうぞ多彩で刺激に富んだ昆虫料理の扉をお開きください。

※分類学上の昆虫以外でもおいしい虫は掲載し、名前の後ろに＊印を付しました。
※昆虫の種類や採集時期は関東地方を標準にしています。
※昆虫名は科や種にこだわらず、また通称を用いているところもあります。たとえばスズメバチと総称し、料理によってはオオスズメバチ、クロスズメバチなどと表記。またジャイアントミールワーム（ジャイミル）などと表記。
※料理写真はレシピと多少異なる場合があります。

もくじ　楽しい昆虫料理

昆虫料理のすすめ 1 食材の確保と注意点

洋風料理——オードブルからメインまで

中華・韓国・エスニック――世界の味を食す

昆虫料理のすすめ 2　体にいい!?　栄養価と虫の味

昆虫スイーツ ―― 和と洋のデザート

昆虫料理のすすめ 3　文化としての昆虫食

本書は2008年8月1日に小社より刊行した同名の書籍に大幅な加筆・修正を加えた新装版です。

和食

四季の味を楽しむ

和風料理・春

若虫ちらし

クロスズメバチ、バッタ

つくりやすさ
★★★

おいしさ
★★★★★

たべやすさ
★★★★

入手しやすさ
★★★

春はバッタの赤ちゃんがぴょんぴょんとびはね、命にあふれる季節です。そんなうきうきした季節にぴったりなのがちらしずし。おいしさでは定評あるハチの子をご飯に混ぜ込み、かわいい春の若虫たちを飾ってみました。

材料（4人分）

米……2合
昆布……6㎝角　1枚
合わせ酢
　酢……大さじ3
　砂糖……大さじ1
　塩……小さじ1
混ぜる具
　クロスズメバチ（幼虫、さなぎ）……80g
具を煮る
　だし汁……1+1／2カップ
　砂糖・酒・みりん・しょうゆ
　　……各大さじ1+1／2
飾る具
　バッタ（幼虫）……適量
　卵……2個
　みつば……適量

①米は洗って炊飯器に入れ、かための分量の水を入れ、昆布をくわえて30分おく。昆布を取り出し、炊く。
②鍋にだし汁とクロスズメバチを入れて煮立て、砂糖・酒・みりん・しょうゆを加え、さらに煮詰める。
③ご飯が炊けたら盤台にあけ、合わせ酢を回しかけ、手早く切るように混ぜ、うちわで冷ます。
④②のクロスズメバチをご飯に入れてさっくり混ぜる。
⑤薄焼き卵を作り、細く切って錦糸卵にする。
⑥バッタは素揚げする。
⑦④を皿に盛り、バッタ、錦糸卵、みつば（3㎝長さに切る）をのせる。

和風料理・春

コシアブラの天ぷら ヤゴの素揚げ添え

コシアブラ、ヤゴ

つくりやすさ ★★★

おいしさ ★★★★

たべやすさ ★★★★

入手しやすさ ★

ほっくりと香ばしいコシアブラの新芽の匂いに誘われてやってきたトンボの子供たち。春の息吹を共に味わえる一品です。

材料（4人分）

ヤゴ（トンボ幼虫）……20匹
コシアブラ……12本
天ぷら粉……20g
揚げ油……適量
塩……少々

①コシアブラはハカマを取り、根元に切り込みを入れる。
②お湯を沸かし、塩少々を入れた鍋で2～3分ゆでる。
③水を入れたボウルに取って5分ほどさらす。
④水気をきって軽く絞る。
⑤揚げ油を中温に熱し、ヤゴを素揚げする。
⑥コシアブラはボウルで溶いた天ぷら粉にくぐらせカラリと揚げる。
⑦皿に盛り、ヤゴを添え、塩をふる。

和風料理・春

カマキリベビーのせ揚げ出し豆腐

カマキリ

つくりやすさ　★★★★

おいしさ　★★★★

たべやすさ　★★★★

入手しやすさ　★★

油通ししたカマキリを冷や奴にのせてもおいしくいただけます

春本番の暖かさになるとカマキリの赤ちゃんがぞくぞく誕生する季節です。カリッと揚がった豆腐に削り節と和えてトッピングしてみました。

材料（4人分）

カマキリ（幼虫）……適量
削り節……適量
万能ねぎ……少々
もめん豆腐……2丁
片栗粉……大さじ5
小麦粉……大さじ2
かけつゆ
　だし汁……1／2カップ
　しょうゆ……大さじ1／2
　みりん……大さじ1／2
　酒……大さじ1／2
揚げ油……適量

①豆腐は水きりする。ペーパータオルで包み電子レンジで3分加熱し、取り出してペーパータオルを取り替え、しっかりと水気を取り、4等分に切る。
②鍋にかけつゆの材料を入れてさっと煮立てる。
③①の豆腐に片栗粉と小麦粉を混ぜたものをまぶし、5分ほどおいてもう一度しっかりまぶす。
④170度に熱した油で③の豆腐を両面を返しながら薄いキツネ色になるまで揚げ、油をきっておく。
⑤カマキリの幼虫を170度の油にサッと通し、削り節と混ぜる。
⑥④の豆腐にかけつゆを張り、⑤をのせ、みじん切りしたねぎをふりかける。

和風料理・春

カイコのふきみそ田楽

カイコ

つくりやすさ ★★★

おいしさ ★★★

たべやすさ ★★★★

入手しやすさ ★★★

カイコさなぎは養蚕の副産物として昔から食べられてきました。栄養もあり安価ですが独特のにおいに敬遠する人も多いようです。そこで食べやすく粉末にしてふきみそに混ぜ込み、田楽を作ってみました。

材料（4人分）

カイコ（さなぎ粉末）…… 大さじ1／2
ふきみそ
　ふきのとう …… 10個
　みそ …… 100g
　砂糖 …… 大さじ3
　みりん …… 大さじ3
　酒 …… 大さじ2
絹厚揚げ …… 2枚
竹串 …… 8本

①ふきのとうはよく洗い、約3分ゆでて、水にさらし、細かく刻む。
②鍋でみそ、砂糖、みりん、酒を軽く煮立て、カイコさなぎ粉末を加え、①のふきのとうを混ぜる。
③厚揚げは熱湯をかけて油ぬきし、細長く4等分に切り、串を刺し、②のみそをぬる。
④魚焼きグリルかオーブントースターでうっすら焦げ目がつくまで焼く。最初みそをぬらないで下焼きし、それからみそをぬって仕上げ焼きしてもいい。

和風料理・夏

セミずし

セミ

つくりやすさ　★★

おいしさ　★★★★★

たべやすさ　★★★

入手しやすさ　★★

セミダブル

夏といえばセミ。なかでも炎天下で暑さをものともせず元気いっぱい鳴いているのがアブラゼミです。その元気のみなもとを蓄えている幼虫をネタに選びました。栄養満点のセミを食べて夏バテをふきとばしましょう。

材料（4人分）

セミ（幼虫）……32匹
米……2合
昆布……6㎝角　1枚
合わせ酢
　酢……大さじ3
　砂糖……大さじ1
　塩……小さじ1
卵……1個
いくら……50g
大葉……適量
のり……適量
焼き鳥のタレ……適量
揚げ油……適量

①米は洗って炊飯器に入れ、かための分量の水を入れ、昆布を加えて30分おく。昆布を取り出し、炊く。

②ご飯が炊けたら盤台にあけ、合わせ酢を回しかけ、手早く切るように混ぜ、うちわで冷まし、ぬれ布巾をかたく絞ってかけておく。

③セミは水洗いし、よく水気をきり、素揚げし、取り出して油をきる。

④味が通るよう串などで何カ所か刺し、タレをからめて炒める。

⑤卵焼きを焼いて、6㎝×3㎝ぐらいに切ったもの8枚を用意する。

⑥にぎりを3種で各8個ずつ、計24個作る。「**セミダブル**」：握ったすし飯に大葉を巻き、腹にわさびをぬったセミ2匹を並べてのせる。「**セミ玉**」：すし飯に卵焼きをのせ、セミをのせる。「**セミいくら**」（軍艦）：すし飯にのりを巻き、いくらとセミをのせる。

和風料理・夏

セミの親子揚げ

セミ

つくりやすさ ★★★★
おいしさ ★★★★
たべやすさ ★★★
入手しやすさ ★★

セミは成虫も幼虫もおいしく食べることができます。でも成長のステージが違うと食感や味がまるで違います。成虫にはパリパリした歯触りと胸肉の旨味があり、幼虫には肉の食べ応えがあり、エビに似た食感とほのかな甘味がポイントです。

材料（4人分）

セミ（成虫）……8匹
セミ（幼虫）……16匹
しし唐……16本
小麦粉……1／2カップ
卵……小1／2個
酒……小さじ1／2
揚げ油……適量
塩・こしょう……適量
竹串……8本

①セミは熱湯を通し、しし唐は洗って切れ目を入れる。
②溶いた卵に冷水を入れて1／2カップにする。それをボウルに入れ、ふるった小麦粉を加え、菜箸の太いほうでざっくり混ぜる。
③セミ幼虫、しし唐、セミ成虫、しし唐、セミ幼虫の順に串に刺し、これを8本作る。
④揚げ油を170度に熱し、衣をつけ、油に入れる。
⑤衣が固まってきたら返してカリッと揚げる。
⑥器に盛り、塩・こしょうをふる。

和風料理・夏

セミの煮付け

セミ

つくりやすさ ★★★

おいしさ ★★★★

たべやすさ ★★★★

入手しやすさ ★★

セミの幼虫を純和風の味付けで煮付けてみました。なんだか懐かしい故郷の味がしませんか。ずっと日本人が親しんできた味と香りの一品になりました。

材料（4人分）

セミ（幼虫）…… 24匹
しょうが …… 30g
ねぎ …… 1／2本
煮汁
　しょうゆ …… 1／4カップ
　みりん …… 1／4カップ
　砂糖 …… 大さじ1
酒 …… 少々

①セミをよく洗い、熱湯に通し、おなかに切れ目を入れる。
②鍋にセミと煮汁の調味料を入れ、しょうがの薄切りを加え、ひと煮立ちしたら汁を回しかける。
③弱火でじっくり煮て、汁が煮詰まってきたら、水に酒を少し混ぜたものを加え、玉じゃくしで汁をセミにかけながら煮る。
④ねぎは3～4cm長さに切り、串に刺してガス火で焼き目をつけ、セミの煮上がる直前に加え、1分ほど煮て火をとめる。

和風料理・夏

タガメそうめん

タイワンタガメ

つくりやすさ ★★★★
おいしさ ★★★★
たべやすさ ★★★
入手しやすさ ★★

タイワンタガメは、「バナナの香り、洋ナシの味」といわれ、タイなど東南アジアで好まれています。この天然成分にはリラックス効果や導眠作用のあることが知られています。そんなタガメを薬味にしたそうめんをぜひ召し上がれ。

材料（4人分）

タイワンタガメ（オス）……4匹
そうめん……400g
みりん……1／2カップ
しょうゆ……1／2カップ
削り節……適量
水……2カップ

①みりんを沸騰させ、しょうゆ、水、削り節を加える。再度沸騰したら火をとめて濾し、冷ましておく。
②タガメは30分ほど塩抜きし、5分蒸す。
③湯を沸騰させた鍋にそうめんを入れ、強火で2分ほどゆでる。ざるにあけ、流水で冷まし、もみ洗いする。
④タガメは羽を開いて外皮をめくり、中身を取り出す。それをつゆに入れ、薬味としていただく。

和風料理・夏

ナメクジの酢みそ和え

ナメクジ＊（＊＝昆虫外）

つくりやすさ ★★★
おいしさ ★★★
たべやすさ ★★
入手しやすさ ★★★

ナメクジは分類学上は昆虫ではないのですが、梅雨の季節が旬でたくさん取れます。そこで目先を変えた一品としてオススメです。陸貝の一種で、殻のないカタツムリといってもいいでしょう。貝特有のしこしこした食感が楽しめます。

材料（4人分）

ナメクジ……20匹
わけぎ……150g
ゴーヤー……1本
みそ……大さじ3
砂糖……大さじ3
だし汁……大さじ3
練りがらし……小さじ1
酢……大さじ1

①ナメクジは洗ってぬめりをよく取り、4～5分ほどゆでる。
②わけぎは青い部分と白い部分に切り分け、熱湯に先に白い部分を入れ、次に青い部分を入れ、すぐにざるに取る。
③わけぎをまな板の上でそろえ、包丁でしごいてぬめりを取り、2㎝長さに切る。
④ゴーヤーは種とわたを取り、薄切りにしてさっとゆでる。
⑤みそ、砂糖、だし汁を混ぜ、さらに練りがらしと酢を加えて混ぜる。
⑥①のナメクジ、③のわけぎ、④のゴーヤーを加えて和える。

（注）ナメクジは採集して約1週間絶食させて使ってください。「広東住血線虫」という寄生虫を中間媒介するので、料理するときはよく手を洗い、かならず加熱が必要です。

和風料理・夏

ハナムグリとにんじんのごま炒め

ハナムグリ

つくりやすさ ★★★★

おいしさ ★★★

たべやすさ ★★★

入手しやすさ ★★★

ハナムグリはよく火を通せばカリカリと丸ごと食べられます。とくに小型のアオハナムグリやコアオハナムグリはナッツ類を食べる感覚でおいしくいただくことができます。

材料（4人分）

ハナムグリ …… 12匹
にんじん …… 1本
ごま油 …… 大さじ2
塩 …… 少々
いり黒ごま …… 大さじ2

①ハナムグリは熱湯に通し、水気をきる。
②にんじんは短冊に切る。
③フライパンにごま油を熱し、ハナムグリ、にんじんを入れて炒める。
④塩を加え、さらに炒める。
⑤器に盛って、いり黒ごまをふる。

和風料理・秋

オオスズメバチ 前蛹《ぜんよう》の湯通し

オオスズメバチ

つくりやすさ ★★★★

おいしさ ★★★★★

たべやすさ ★★★

入手しやすさ ★

「前蛹」はまゆを作り脱糞してさなぎになる前の発育段階をいい、このころがもっとも美味で「フグの白子のようだ」と形容されます。そのうえ、取れる量が少なく貴重です。しかもオオスズメバチは大きくて食べ応えも抜群です。熱湯に通すことで殺菌され、臭みもぬけ、表面が固まって食べやすくなります。

材料（4人分）

オオスズメバチ（前蛹）……20匹
おろしわさび……小さじ1
しょうゆ……大さじ3

①前蛹を30秒ほど熱湯に通し、よく冷やす。
②わさびじょうゆでいただく。

和風料理・秋

オオスズメバチの串焼き

オオスズメバチ

つくりやすさ ★★★★

おいしさ ★★★★★

たべやすさ ★★★

入手しやすさ ★★

一般にハチの子というとクロスズメバチの幼虫とさなぎを指します。これと比べるとオオスズメバチは数倍大きく、串刺しがとても似合う大きさです。タレをからめて香ばしく焼いたオオスズメバチは栄養満点、食べ応え満点です。焼きながら思わず唾液を飲み込む逸品です。

材料（4人分）

オオスズメバチ（幼虫）……16匹
オオスズメバチ（若いさなぎ）……8匹
オオスズメバチ（成虫に近いさなぎ）……8匹
大葉……4枚
竹串……4本
タレ
　酒……大さじ2
　砂糖……大さじ2
　しょうゆ……大さじ2

① 幼虫のお尻をつまんでフンを出す。
② 幼虫、さなぎはさっと湯通しする。
③ 大葉を洗う。
④ 幼虫4、さなぎ4（若いさなぎ2、成虫に近いさなぎ2）を串に刺し、これを4本作る。
⑤ 焼きアミにのせ、裏表にタレをつけながら焼く。
⑥ 皿に大葉をしき、串をのせる。

和風料理・秋

スズメバチと焼きなすのみぞれ煮

スズメバチ

つくりやすさ ★★★

おいしさ ★★★★★

たべやすさ ★★★★

入手しやすさ ★★

旬同士の取り合わせでおいしさ抜群！　噛むごとにスズメバチの旨味が舌全体にじんわり広がります。また秋なすは実がしまっていて煮崩れないのが特徴です。大根おろしを加えることで、なすの油っぽさが気にならず、さっぱりといただけます。

材料（4人分）

スズメバチ（幼虫、さなぎ）……200g
なす……2個
大根おろし……1+1／2カップ
小麦粉……適量
煮汁
　だし汁……1+1／2カップ
　みりん……大さじ2
　砂糖……大さじ2
　薄口しょうゆ……大さじ4
サラダ油……適量

①なすは大きめの乱切りにして、油をひいたフライパンで焼く。
②スズメバチに小麦粉をまぶし、フライパンで炒める。
③小鍋に煮汁を煮立て、なす、スズメバチ、大根おろしを加え、ひと煮立ちさせる。

和風料理・秋

トノサマバッタの天ぷら

トノサマバッタ

つくりやすさ
★★★

おいしさ
★★★★★

たべやすさ
★★★★

入手しやすさ
★★

秋の河原を歩くと大きく育ったトノサマバッタが跳び立ちます。そんな元気でエネルギーにあふれたトノサマバッタをつかまえるのは大変です。一汗かいてつかまえた獲物をその場で天ぷらにしていただいてみましょう。おもわず元気が体中にみなぎるのを感じることでしょう。

材料（4人分）

トノサマバッタ……20匹
天ぷら粉……80g
塩……適量
揚げ油……適量

①バッタは熱湯を通す。
②ボウルに天ぷら粉を入れ、水を加えて混ぜる。
③揚げ油を180度に熱し、トノサマバッタに衣をたっぷりつけ、カリッときつね色に揚げる。
④器にトノサマバッタを盛る。

和風料理・秋

バッタの香梅風味

トノサマバッタ

つくりやすさ ★★
おいしさ ★★★★★
たべやすさ ★★★
入手しやすさ ★★

本来エビなどに近い食感と味わいに梅の風味を加えたことで、より素朴でどこか懐かしい大人の味覚を楽しめます。栄養的にも良質のタンパク質、脂肪、各種ミネラルなどを含み、しかも仮面ライダーのモチーフになったくらいですから、発育盛りのお子さまにもきっと喜ばれることでしょう。

材料（4人分）

トノサマバッタ……雄8匹、雌8匹
酢……1／4カップ
梅干し……2個
砂糖……大さじ2
薄口しょうゆ……小さじ2
みりん……大さじ2
酒……大さじ2
しょうが……1片
串……4本

①トノサマバッタの脚を取り除き、背から胸に斜めに串を打つ。その際、雄雌1組を同体にし、やや間隔を空けて2組打つ。これを4串作る。
②鍋にバッタを入れ、ひたひたの水を注ぎ、酢と梅干しをちぎって加える。
③落としぶたをして初め強火で、煮立ったら中火で煮る。
④汁が少なくなったら酒、砂糖、みりん、薄口しょうゆを加え、中火で煮る。
⑤煮詰まり始めたら酒少々を混ぜた水を足して弱火で煮る。
⑥煮詰めたバッタをクッキングシートに並べ、200度のオーブンで10分ほど焼く。
⑦しょうがはせん切りにし、水にさらし、針しょうがを作る。
⑧器にトノサマバッタを盛り、針しょうがを添える。

和風料理・秋

子持ちカマキリの南蛮漬け

カマキリ

つくりやすさ ★★

おいしさ ★★★★

たべやすさ ★★

入手しやすさ ★★

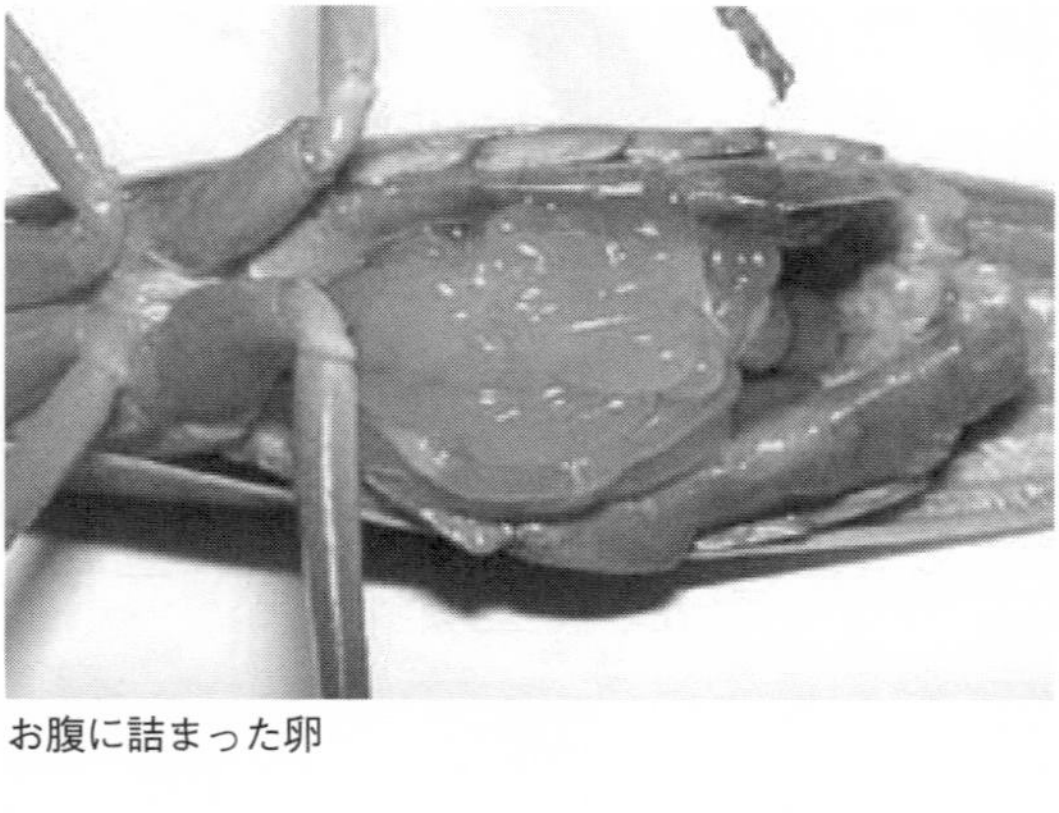
お腹に詰まった卵

秋も半ばをすぎるとカマキリの恋の季節です。おなかの大きなメスのカマキリに出合ったら、子持ちの確率が高くなり、お腹に詰まった黄色い卵を堪能することができます。なかでもオオカマキリは卵も多いので食用に向いています。今回は食べやすい南蛮漬けですが、ゆでたほうがより卵の旨味が感じられます。揚げで慣れたら挑戦してみてください。

材料（4人分）

カマキリ（子持ち）……4匹
ねぎ……1本
南蛮酢
酢……1／2カップ
砂糖……大さじ3
薄口しょうゆ……小さじ2
赤とうがらし……2本
揚げ油……適量

①赤とうがらしはぬるま湯につけ、種をぬいておく。
②ねぎは2cm長さに切り、焼いて焦げ目をつける。
③カマキリは熱湯を通し、腹に包丁を入れ、卵を残し、内臓をぬき取る。
④カマキリを180度の揚げ油でカラリと揚げる。
⑤鍋に南蛮酢の材料を入れ、ひと煮立ちしたら赤とうがらしを加える。
⑥バットに②のねぎと④のカマキリを並べ、⑤の南蛮酢を注ぎ、1～2時間漬け込む。
⑦器に盛り、赤とうがらしを薄く輪切りにしてちらし、漬け汁を少しかける。

（注）たまにハリガネムシが（おもにハラビロカマキリに）寄生していることがあります。火を通せば食べても無害ですが、内臓といっしょにぬいておいたほうが無難でしょう。

和風料理・秋

ベニガラスズメの磯辺揚げ・みそダレ

つくりやすさ ★★★

おいしさ ★★★

たべやすさ ★★

入手しやすさ ★

ベニガラスズメ

日本では食べる習慣がないのですが、アフリカなどではガ類の幼虫は一番人気の食用昆虫です。そこで大型種のベニガラスズメの幼虫をつかって磯辺揚げにしてみました。秋が旬のむっちり太ったスズメガを磯の香りとともにいただきましょう。

材料（4人分）

ベニガラスズメ（幼虫）……8匹
焼きのり……1枚
片栗粉……適宜
しし唐……12本
にんじん……10cm
レモン……1／2個
みそダレ
　みそ……80g
　マヨネーズ……40g
　ねぎ（みじん切り）……適宜
　とうがらし……少々
　酒……少々
揚げ油……適量

①みそダレの材料を混ぜる。
②にんじんは輪切りと細目の拍子木切りにする。しし唐は包丁で切り込みを入れ、レモンはくし形に切る。輪切りのにんじんはゆでる。
③スズメガ幼虫は尻を切り、拍子木切りしたにんじんを差し込み、片栗粉をまぶし、適当な長さに切った焼きのりを巻き、つなぎ目に水溶き片栗粉をぬる。
④170度ぐらいの油で、しし唐は1分、スズメガ幼虫は3分を目安に揚げる。
⑤盛りつける。輪切りしたにんじんにみそダレをぬり、スズメガ幼虫を置く。しし唐をわきに盛り、レモンを添える。

和風料理・秋

ヤママユガとさつまいもの甘煮

ヤママユガ

つくりやすさ ★★★

おいしさ ★★★★

たべやすさ ★★★★

入手しやすさ ★★

いずれも秋を色濃く感じさせる食材です。ほっくり甘いさつまいもとヤママユガさなぎがとてもよく合います。取り合わせの妙をお楽しみください。

材料（4人分）

ヤママユガ（さなぎ）…… 8匹
さつまいも …… 1本
レモン …… 1／2個
砂糖 …… 60g
水 …… 2カップ

①さつまいもはよく洗って皮付きのまま1cm厚さの輪切りにし、30分以上水にさらす。
②ヤママユガまゆは半分に切ってさなぎを取り出し、さなぎは熱湯を通す。
③レモンは黄色い皮をむき、薄い輪切りにする。
④さつまいもとヤママユガを鍋に入れ、レモンをのせ、水をかぶるくらいまで注ぎ、ひと煮立ちしたら弱火で煮る。
⑤さつまいもがやわらかくなったら、砂糖の1／2量を加えて5分ほど煮る。
⑥残りの砂糖を加え、煮汁がひたひたになるまで弱火でじっくり煮る。
⑦器にさつまいもを盛り、そのわきにヤママユガをまゆに入れて添える。

和風料理・冬

スズメバチの五平餅

クロスズメバチ

つくりやすさ ★★★
おいしさ ★★★★★
たべやすさ ★★★★
入手しやすさ ★★★

五平餅は御幣餅ともいい、中部地方の郷土料理として知られています。しかもクロスズメバチをタレに混ぜて食べる習慣もあったようです。昔ながらの懐かしい味をお楽しみください。

材料（4人分）

クロスズメバチ …… 200g
米 …… 3合
片栗粉 …… 大さじ3
塩 …… 小さじ1
こしょう …… 少々
串 …… 8本（水に浸けておく）
タレ
　みそ …… 大さじ2
　きび砂糖 …… 大さじ3
　しょうゆ …… 大さじ1
　酒 …… 大さじ1
　みりん …… 大さじ3
　クルミ …… 大さじ2
　白ごま …… 大さじ2
　ゆず …… 少々

①ご飯を炊く。
②タレを作る。ごまをフライパンで煎《い》る。つぎにクルミとごまをすり鉢ですり、ほかの材料も入れてよく混ぜる。
③クロスズメバチをフライパンで塩・こしょうしてさっといる。
④炊きあがったご飯に、片栗粉と塩を加えて混ぜ、すりこぎで半つぶしにし、冷ます。
⑤つぶしたご飯を8等分し、串に刺し、平らな楕円形にして形を整える。
⑥グリルで焦げない程度に両面をよく焼く。
⑦タレを表側にたっぷりぬり、③のクロスズメバチをあしらい、さっと焼いて香ばしいきつね色に仕上げる。

和風料理・冬

サクサンのつみれ汁

サクサン

つくりやすさ ★★★

おいしさ ★★★

たべやすさ ★★★★

入手しやすさ ★★

サクサンは中国産のヤママユガの一種で、さなぎが食材として売られています。殻を取り除くと身がやわらかいのでいろいろに応用できます。つみれにすれば食べやすく、しかも独特の風味を味わうことができます。

材料（4人分）

サクサン……20匹
大根……150g
にんじん……40g
しめじ……1パック
青ねぎ……1本
つなぎ＋調味料
　卵……1／2個
　パン粉……1／2カップ
　薄力粉……大さじ2
　片栗粉……大さじ2
　みそ……大さじ1
　酒……大さじ1／2
　砂糖……小さじ1／2
　おろししょうが……小さじ1
　青のり……適量
煮汁
　だし汁……3＋1／2カップ
　しょうゆ……大さじ1
　塩……少々

①サクサンは軽く湯通しし、殻をむく。
②つなぎ＋調味料を合わせ、サクサンも加えてよく混ぜる。
③大根とにんじんは皮をむいて4㎝長さの短冊切りにし、しめじは石づきを取って分け、青ねぎは小口切りにする。
④鍋に大根とにんじんを入れ、煮汁を注ぎ、強火で煮立ったら、弱火にして5分ほど煮る。
⑤強火にして②をスプーンにすくって落とし入れる。
⑥つみれが浮いたらしめじを入れてひと煮立ちさせる。
⑦椀によそって青ねぎをちらす。

和風料理・冬

ハチの子と白マダゴキの雑煮

スズメバチ、マダガスカルゴキブリ（脱皮直後の白い幼虫）

つくりやすさ ★★★

おいしさ ★★★★

たべやすさ ★★

入手しやすさ ★

ひと味違ったお雑煮はいかがでしょうか。スズメバチの旨味に加え、脱皮直後の白いマダゴキを添えてみました。これを食べると、お正月の晴れやかな気分とともに、なにか新しいことに挑戦したくなること請け合いです。

材料（4人分）

スズメバチ（幼虫・さなぎ）…… 100g
マダガスカルゴキブリ（脱皮直後の白い幼虫）…… 8匹
切り餅 …… 4切れ
三ツ葉 …… 数本
大根 …… 3cm
にんじん …… 3〜4cm
佃煮調味料
　砂糖 …… 大さじ1
　酒 …… 大さじ1
　みりん …… 大さじ1
　しょうゆ …… 大さじ1
　おろししょうが …… 小さじ1
だし汁 …… 4カップ
しょうゆ …… 大さじ1／2
塩 …… 適量
揚げ油 …… 適量

①にんじん、大根は花形にぬき、4〜5㎜厚さに切る。
②三ツ葉は2cm長さに切る。
③餅をオーブントースターで薄く焦げ目がつくまで焼く。
④スズメバチは小鍋に入れ、ひたひたの水におろししょうがと酒を入れ、強火で煮立ったら、砂糖、みりん、しょうゆを加え、弱火で煮詰める。
⑤マダガスカルゴキブリは170度の油でカラリと揚げ、軽く塩をふる。
⑥鍋にだし汁を煮立て、野菜がやわらかくなるまで煮て、しょうゆと塩で味付けする。
⑦椀に野菜と餅を盛り、④のスズメバチをのせ、⑤のマダガスカルゴキブリをあしらい、汁を注ぎ、三ツ葉を飾る。

和風料理・冬

カイコとハチの紅白かまぼこ包み

カイコ、キイロスズメバチ

つくりやすさ★★★★★
おいしさ★★★★
たべやすさ★★★★
入手しやすさ★★

おめでたい紅白かまぼこで包んだ「虫おせち」です。いつものおせちに飽きたという人はぜひ挑戦してみてください。乾物ですからサクサクと、とても食べやすいのが特徴です。

材料（4人分）

カイコ（さなぎ・乾物）…… 20g
キイロスズメバチ（成虫・乾物）…… 20g
紅白かまぼこ　紅白 …… 各1本
からしマヨネーズ …… 適量
わさびマヨネーズ …… 適量
楊枝 …… 8本

①かまぼこは5㎜厚さに切る。
②赤かまぼこにからしマヨネーズ、白かまぼこにわさびマヨネーズをぬり、それぞれどちらかに好みでカイコとスズメバチをのせる。
③軽く巻き、楊枝で止める。

和風料理・冬

マダゴキと赤かぶのなます

マダガスカルゴキブリ

つくりやすさ ★★★
おいしさ ★★★
たべやすさ ★★
入手しやすさ ★★

おなかの真っ白な脂肪体がピンク色に染まり、見た目もきれいでお正月らしさを演出してくれます。臭みはほとんどなく、やわらかな酸味でさっぱりといただけます。いくらか弾力のあるお豆腐の食感でしょうか。

材料（4人分）

マダガスカルゴキブリ……8匹
赤かぶ酢漬け（市販）……400g
おろししょうが……適量

①マダガスカルゴキブリを沸騰した湯に入れ、しょうがを入れ、3分ほど下ゆでし、取り出して水気をきる。
②キッチンバサミで脚を切り取り、おなかを開く。
③赤かぶの漬け汁に1時間ほど漬ける。
④器に赤かぶを置き、その上にマダガスカルゴキブリ2頭をのせる。

和風料理・冬

カイコとサクサンのみそ漬け

カイコ、サクサン

つくりやすさ ★★★★

おいしさ ★★★

たべやすさ ★★★

入手しやすさ ★★

みその香りと旨味を楽しむことができます。漬け込む期間はお好みですので、様子をみながら召し上がれ。

材料（4人分）

カイコ（さなぎ）…… 50g
サクサン（さなぎ）…… 50g
みそ …… 400g
みりん …… 大さじ6
砂糖 …… 大さじ4
酒 …… 大さじ2

①ボウルにみそを入れ、みりん、砂糖、酒を加えてよく混ぜる。
②カイコ、サクサンを3分ほどゆで、水気をよく取り、サクサンは頭とお尻をキッチンバサミでカットする。
③半量のみそを容器に平らにのばし、カイコとサクサンを並べ、残り半量のみそをかぶせる。
④ラップなどをかぶせて冷蔵庫に一昼夜ほど入れておく。

虫納豆

セミ、ツムギアリ、ジョロウグモ＊

つくりやすさ ★★★
おいしさ ★★★★
たべやすさ ★★
入手しやすさ ★★

市販の納豆に混ぜて一昼夜保温するとおいしい虫納豆の完成です。いろいろな種類の虫で試してみてください。

材料（4人分）

セミ（幼虫）……適量
ツムギアリ（幼虫・さなぎ）……適量
ジョロウグモ（成体）……適量
納豆……少々
容器（プラスチック容器）
保温器具（電気アンカ、毛布など）
割り箸

①虫をよく洗い、セミは外皮に切りこみを入れる。
②5分ほど蒸す。
③納豆と虫を混ぜてプラスチック容器に入れる。
④割り箸をはさみ、密閉しないようにして容器のふたをする（空気口を開けておく）。
⑤毛布に包み、電気アンカ等40～42度で20時間ほど保温する。
⑥数時間冷蔵庫で熟成させる。

和風料理・冬

レンコンしんじょ カイコ卵ちらし

カイコ

つくりやすさ ★★

おいしさ ★★★★

たべやすさ ★★★★

入手しやすさ ★

ふんわりもっちりレンコンしんじょに、小粒ながらプチッと爆ぜるカイコ卵の心地良い噛み応えを加えてみました。

材料（4人分）

（しんじょ）

カイコ卵……適量

れんこん……70g

はんぺん……70g

塩……少々

ラップ

（吸い物）

水……カップ3

ほんだし……5g

しょうゆ……大さじ2

ニンジン……薄切り4枚

水菜……適量

（しんじょ）

①れんこんはすりおろし、はんぺんは包丁で細かくカットする。

②①をボウルに入れてよくつぶし、塩を加えて混ぜ合わせる。

③ラップに具材を大さじ1杯取り、上下にカイコ卵を少々ちらし、しっかり丸める。

④熱湯に入れて2分ゆでる。

⑤ラップを外して水気をきる。

（吸い物）

①ニンジンは薄く切り花形でぬき、水菜は1cm長さに切る。

②鍋に水を入れて火にかけ、ほんだし、しょうゆを加え、煮立ったら火をとめる。

③椀にしんじょを2個入れ、汁を注ぎ、水菜をちらす。

和風料理・通年

虫ミックスお好み焼き

ジャイアントミールワーム、コオロギ

つくりやすさ ★★★★

おいしさ ★★★★

たべやすさ ★★★★

入手しやすさ ★★★

お好み焼きのカリッとした食感は昆虫食材にもってこいです。どんな虫でも合いますが、四季を通じてペットショップなどで入手しやすいのがワームやコオロギ類です。

材料（4人分）

ジャイアントミールワーム（ジャイミル）……20匹
コオロギ……20匹
キャベツ……200g
青ねぎ……1束
揚げ玉……適量
紅しょうが……適量
卵……4個
お好み焼き粉……300g
水……適量
ソース……適量
削り節……適量
青のり……適量
サラダ油……適量

①キャベツはみじん切りにする。
②青ねぎは小口切りにする。
③ボウルでお好み焼き粉、溶き卵を混ぜる。
④加減を見ながら水でのばし、天ぷらの衣よりやや濃いめにする。
⑤そこに湯通ししたジャイアントミールワームとコオロギ、キャベツ、紅しょうが、青ねぎ、揚げ玉を入れる。
⑥フライパンにサラダ油をひいて生地を入れる。
⑦下の面が焼けたら裏返し、反対の面も焼く。
⑧両面がこんがり焼けたらソースをぬり、削り節、青のりをふりかけ器に盛る。好みでマヨネーズをかける。

和風料理・通年

乾物、粉末

イナゴ、スズメバチ、カイコ、サクサンほか

つくりやすさ ★★★
おいしさ ★★★★
たべやすさ ★★
入手しやすさ ★★

よく乾燥させると常温で保存でき、気が向いたときそのままポリポリかじったり、水で戻して料理に使うこともできてとっても便利。粉にすると生地に混ぜ込む料理に使えます。

材料

イナゴ（成虫）……適量
スズメバチ（成虫）……適量
カイコ（さなぎ）……適量
サクサン（さなぎ）……適量

【乾物の作り方】

①サクサンはよく洗い、キッチンバサミで頭部と尾部を数㎜切り落とす。
②イナゴ、スズメバチ、カイコ、サクサンを塩ひとつまみ加えてゆでる。
③十分水分をとり、魚の干物用ネット等に入れる。
④カラカラに乾くまで軒下で干す。（※）
⑤ガラスビンなど密閉容器に乾燥剤を入れて保存する。

【粉末の作り方】

⑥④をすり鉢でする。
⑦こし器でふるう。
⑧ガラスビンなど密閉容器に乾燥剤を入れて保存する。

※食品乾燥機があるといつでもできて、ドライフルーツやジャーキーなども作れて便利です。

和風料理・通年

むしうどん

イナゴ、カイコ、サクサン

つくりやすさ ★★★★
おいしさ ★★★
たべやすさ ★★★★
入手しやすさ ★★

足踏みと寝かしをすっかり省いた「てぬきうどん」。とにかく早いのが取り柄で、思い立ったらすぐできるのがおすすめです。3種類の虫の味をお楽しみください。

材料（4人分）

イナゴ粉……大さじ2
カイコさなぎ粉……大さじ2
サクサンさなぎ粉……大さじ2
小麦粉……800g
水……1＋1／2カップ
塩……40g
ポリ袋……3枚
のし棒

①小麦粉、水、塩をポリ袋3つに分け、それぞれの袋にイナゴ粉、カイコさなぎ粉、サクサンさなぎ粉を入れてよくこねる。
②ポリ袋から生地を出し、打ち粉をふったまな板にのせて丸め、のし棒で薄くのばす。
③5㎜幅に切る。
④たっぷりの湯で10分ほどゆでる。

購入のポイント――なじみのペットショップやハチ駆除業者を作ろう

昆虫食の盛んなアジア系の食品店で販売されていることが多いのでのぞいてみましょう。

爬虫類・両生類・魚類などを扱うペットショップで餌として昆虫が売られています。体に艶《つや》があり元気な個体を選びましょう。飼育に詳しかったり、自家養殖だったりする店がオススメです。なじみの店を作っておきましょう。

昆虫専門のペットショップでももちろん買うことができます。ただ専門店では貴重で高価な種がほとんどなので、食べてしまうのに抵抗があるでしょう。

昆虫への関心が高まるにつれインターネットで購入できる昆虫の種類が増えています。いろいろ検索してみてください。

スズメバチなどは殺虫剤を使わない駆除業者を探して分けてもらう方法もあります。

以下は購入できる昆虫の一例です。［　］：成長段階、【　】：商品名の例、（　）：販売形態。

◎タイ食品店

・ツムギアリ［卵・幼虫・さなぎ］【アリの卵】（缶詰）

・タイワンタガメ［成虫］【メンダー】（パック・塩漬け・冷蔵）
・タイワンツチイナゴ［成虫］【イナゴの空揚げ】（パック・塩味・冷蔵）
・タガメチリペースト［成虫］【メンダーチリペースト】（瓶詰）とうがらし・ガーリック・オニオン・タマリンド・砂糖・シュリンプペースト・メンダーエッセンス

◎中国食品店

・サクサン［さなぎ］（袋詰・冷凍）

◎韓国食品店

・カイコ［さなぎ］【ポンテギ】（缶詰）

◎ペットショップ、ネット通販

・ツヤケシオオゴミムシダマシ［幼虫］【ジャイアントミールワーム（ジャイミル）】（生体）
・チャイロコメノゴミムシダマシ［幼虫］【ミールワーム】（生体）
・ハウスクリケット（またはヨーロッパイエコオロギ）［幼虫・成虫］【イエコ】（生体）
・フタホシコオロギ［幼虫・成虫］【フタホシ】（生体）
・アルゼンチンモリゴキブリ［幼虫・成虫］【デュビア、アルゴキ】（生体）
・マダガスカルゴキブリ［幼虫・成虫］【マダゴキ】（生体）

保存のポイント——冷凍、乾燥、粉末

昆虫食材は食べたいと思ってもすぐ手に入りません。そこで取りだめ、買いだめをして保存しておくことになります。保存方法には冷凍、乾燥、粉末などがあります。

冷凍保存

食材の組織の劣化をできるだけ防ぐため、さっと熱を通し、小分けにして冷凍することが基本です。とはいえ家庭用冷蔵庫だと急速凍結は無理ですし、開け閉めも頻繁なので、どうしても品質低下はさけられません。そこで小型専用冷凍庫があると便利です。開閉頻度が少ないので、品質低下をある程度遅らせることができます。それに昆虫食をご家族いっしょに楽しむのならいいのですが、そうでない場合は家庭円満のためにも専用冷凍庫がオススメです。

乾燥保存

乾燥させると常温で長期に保存でき、非常食にもなります。以下の手順で行ってください。

(1)湯通しする。
(2)ペーパータオルで包んで水気をきる。サクサンなど大きいものは皮にハサミで切り込みを入

れる。

(3)網にのせて直火にかけ、焦げない程度に焼いて水分をとばす。

(4)ネットに入れて軒下に吊す。魚の干物用のネットがあれば便利。天気が続けば数日でできあがります。コーヒーの空き瓶などに入れ、乾燥剤を入れて冷暗所で保存します。粉末にして保存する方法はレシピ(66~67ページ)を参照してください。

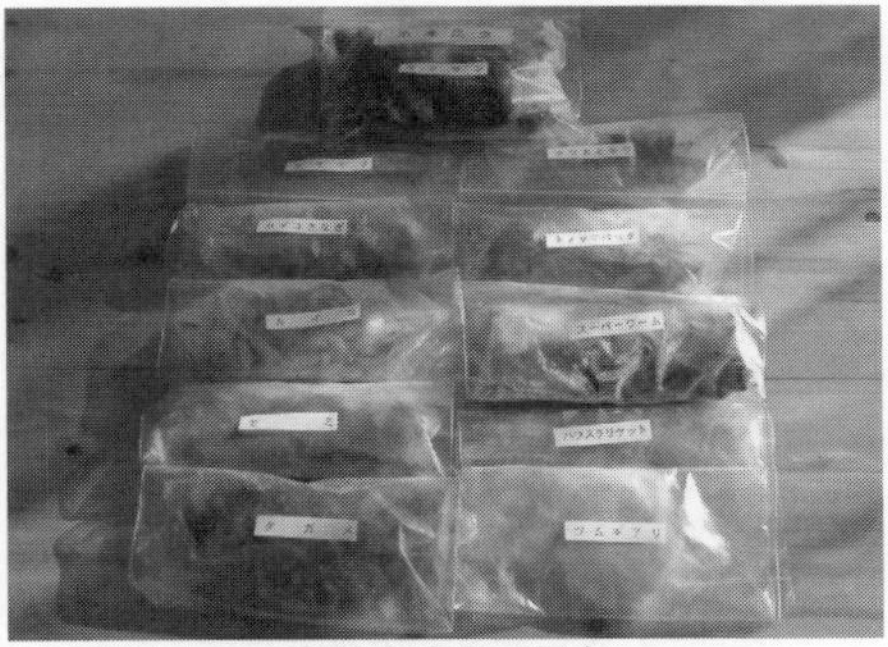

ポリ袋に入れて専用冷凍庫で保存

写真はカイコさなぎとその粉末

虫にも旬がある――「取れる季節」が旬

「虫にも旬がある」というとたいていの人は驚くでしょう。でも「取れる季節」と言い換えれば分かっていただけるのではないでしょうか。お住いの地域や自然環境によって取れる虫が違ってきます。一例を挙げておきましょう。

【冬】――シーズンオフと思われがちですが、この時期の虫たちは、越冬のために栄養をたくわえ、未消化物もなく、そのため臭みが少なくおいしいといわれています。

・オオカマキリ（卵嚢《らんのう》）、カミキリムシ（幼虫）、クワガタ（幼虫）、タマムシ（幼虫）、キマワリ（幼虫）、ヘビトンボ（幼虫）、カワゲラ（幼虫）、トビケラ（幼虫）、トンボ（幼虫＝ヤゴ）

【春】――命の息吹が草原にあふれています。若い命をいただいて元気を取り込みましょう。

・オオカマキリ（幼虫）、アゲハ（幼虫）、モンシロチョウ（幼虫）、コアオハナムグリ（成虫）、シロコブゾウムシ（成虫）、ツチイナゴ（成虫）、クビキリギス（成虫）、アメンボ（成虫）

【夏】――昆虫たちがいっせいに生を謳歌《おうか》する季節です。

・セミ（幼虫・成虫）、トンボ（成虫）、キリギリス（成虫）、コクワガタ（成虫）、カミキリムシ（成虫）、カナブン（成虫）、シロテンハナムグリ（成虫）、ヒメコガネ（成虫）、マメコガネ（成虫）

【秋】——産卵の季節がやってきます。子持ち虫たちのおいしい季節でもあります。

・オオカマキリ（卵）、モンクロシャチホコ（幼虫＝サクラケムシ）、クリシギゾウムシ（幼虫＝クリムシ）、フクラスズメ（幼虫）、スズメバチ（幼虫・さなぎ・成虫）、コオロギ（成虫）、イナゴ（成虫）、バッタ（成虫）、ヤママユガ（成虫）、ジョロウグモ（成体）＊

飼育のポイント――「昆虫牧場」のすすめ

飼育の楽しみはなによりも新鮮な昆虫がいつでも食べられることです。一度そのおいしさを味わうと、飼育のモチベーションが高まります。採れたての野菜や果物がおいしいのと同じです。

最初に飼うならコオロギがオススメです。なかでもハウスクリケット（ヨーロッパイエコオロギ）はやわらかで食べやすいのが特徴です。以下がポイントです。

・ペットショップで購入できること
・飼育が比較的簡単なこと
・イナゴと同じバッタの仲間なので食べやすいこと
・鳴き声も楽しめること（ただしたくさんいるとうるさい）

まずはしばらく餌を与え栄養価を高めて食べてみてはいかがでしょうか。与える餌はニンジン、小松菜、キャベツ、食パン、煮干しなどです。

ゴキブリ各種も飼育が簡単です。やはりペットの餌として売られているアルゼンチンモリゴキブリやマダガスカルゴキブリなどです。衛生的な「昆虫牧場」で飼育すれば、新鮮でおいしい昆虫料理を楽しむことができます。雑食性なので野菜クズでもなんでも食べ、生ゴミ減らしにも一役買ってくれるでしょう。

安全のポイント――食べ方、有毒な虫

手洗いと加熱が基本

食べ慣れないものを口に入れるのは不安です。そこで安心して食べるにはどうしたらいいかをまとめてみました。安全に食べるポイントは、虫に限らず野生動物全般に当てはまります。

○調理前に石鹼でよく手を洗う
○調理用具はよく洗い殺菌する
○食品は十分加熱する（75度で1分以上）
○調理後に食品に直接素手で触れない
○調理したらすぐ食べるか冷蔵（5度以下）する

微生物は中性か弱アルカリ性が適し、酸性では増殖しにくい性質があります。あらゆる微生物は10度から60度の間で増殖し、0度以下ではほとんどの微生物が増殖できず、65度以上でほとんどの微生物は死んでしまいます。

料理前の手洗いはかかせません。せっかく熱を通して殺菌しても、素手で触ってはもともこもありません。調理後は菜箸《さいばし》を使いましょう。調理器具も清潔にしておきましょう。

有毒な虫

クモ、サソリ、ムカデ、ハチ、アリ、ドクガ、ツチハンミョウなどが有毒です。ただ日本に生息する虫のもつ毒はほとんどが微量で、加熱することで分解するものが大部分です。毒が直接血液内に入ると危険ですが、食べた場合は強力な胃酸の働きで減毒されます。採集や調理の際は注意が必要です。スズメバチなど刺されなくても傷口などに毒液が入った場合アナフィラキシー症状を起こす場合もあるからです。

例外的に猛毒カンタリジン（致死量30㎎）を体液に持つ昆虫がいて注意を要します。マメハンミョウ（ツチハンミョウ科）、アオカミキリモドキ（カミキリモドキ科）が代表的な種です。これらは食べてはいけません。

マメハンミョウはとくに毒の量が多く、乾燥粉末数頭分で致死量といわれています。体長約20㎜。頭部は赤色、体は細長く黒色で、黄色い縦線があります。あやまって触れると火傷状の水膨れになりヒリヒリ痛みます。成虫は豆の葉を食べ、幼虫はイナゴの卵を食べます。最近減農薬でイナゴが増えたことから、本種も増えつつあるようです。

現実的にはマメハンミョウを相当量食べる機会は少ないでしょうが、吐き気、嘔吐《おうと》、腹痛、下痢などの症状が出たら要注意です。血圧低下、尿毒症、呼吸不全などで死亡する場合もあるからです。

アオカミキリモドキは夜間よく灯火に飛来します。含有量は少ないとはいえカンタリジンを持っています。

アオバアリガタハネカクシはペデリンという毒を体液に含んでいます。カンタリジンよりは毒性は弱いのですが、これも食べないほうが無難です。皮膚につくと線状皮膚炎になります。中国ではキオビゲンセイという種が乾燥成虫の25％ものカンタリジンを含んでいるといわれています。

有毒植物を餌とする虫も食べないほうがいいでしょう。キョウチクトウを食べるキョウチクトウスズメの幼虫はその代表例です。

その他、有害な寄生虫では、カタツムリ、ナメクジ、タニシなどに広東住血線虫が、サワガニに宮崎肺吸虫が寄生していることがあります。これらは熱を通せば死滅します。触れたら石鹸で手を洗うことを習慣づけましょう。

アレルギー体質の人も注意を要します。甲殻類アレルギーの人は食べないほうが無難です。もしくは少量ずつ試してみるといいでしょう。

農薬汚染については、最近は減農薬とはいえ、やはり注意を要します。通常の食品は「食品衛生法」で残留農薬の基準値が決められていますが、野生食材の場合は各自で判断するしかありません。採集する周辺で農薬が使われていないかをチェックします。ゴルフ場周辺などは判断が難しいので、採集を避けるほうが無難です。

洋風料理

オードブルから
メインまで

洋風料理・オードブル

ヤゴとクレソンのサラダ・アンチョビ風味

ヤゴ

つくりやすさ ★★★★
おいしさ ★★★
たべやすさ ★★★
入手しやすさ ★★

ヤゴはトンボの幼虫の通称です。食用水生昆虫ではザザムシが有名ですが、同じように佃煮にしたり、カリカリに炒めて食べたりできます。

材料（4人分）

ヤゴ……16匹
アンチョビ……20g
卵……1個
レタス……4枚
クレソン……1束
ドレッシング
　オリーブ油……大さじ1
　白ワインビネガー……大さじ2
　塩・こしょう……少々
サラダ油……適量

①クレソンは5㎝長さに切り、レタスはちぎる。
②卵はゆでてくし型に切る。
③熱したフライパンに大さじ1の油をひき、ヤゴを入れ、1～2分カリカリに炒め、塩・こしょうをふる。
④アンチョビはみじん切りし、ドレッシング材料と混ぜる。
⑤レタスとクレソンを器にしき、卵を盛りつけ、④をかけ、③をちらす。

洋風料理・オードブル

たたみいわしとヘビトンボのミルフィーユ仕立て

ヘビトンボ

つくりやすさ ★★★
おいしさ ★★★
たべやすさ ★★
入手しやすさ ★

香ばしいたたみいわしのパリパリした歯触りに、揚げたてのヘビトンボ幼虫のシコシコ感がよく合います。ヘビトンボ幼虫は噛むとわずかな苦みが感じられ、孫太郎虫と呼ばれ子供の疳《かん》の虫に効くとして珍重されたのもうなずけます。

材料（4人分）

ヘビトンボ（幼虫）……16匹
たたみいわし……4枚
きゅうり……1／2本
にんじん……1／4本
玉ねぎ……小1／4個
ソース
　マヨネーズ……大さじ3
　トマトケチャップ……小さじ2
ブランデー……少々
パプリカ……少々
牛乳……少々
塩……少々
揚げ油……適量

①玉ねぎはみじん切りにし、水にさらし、水気を絞る。きゅうり、にんじんは2㎜角に切り、にんじんは1分ほどゆでる。
②ソースの材料を混ぜ合わせる。
③ボウルに①の野菜を入れ、②のソースを適量かけて混ぜる。
④ヘビトンボは170度に熱した油で1～2分ほどカラリと揚げる。
⑤たたみいわしは直火であぶり、4等分する。③と交互に形よく重ねる。各層に④のヘビトンボを飾る。

洋風料理・オードブル

ジバチのせクラッカー

ジバチ

つくりやすさ ★★★★

おいしさ ★★★

たべやすさ ★★★★

入手しやすさ ★

通常は廃棄されるジバチ成虫を救い出し、煎った香ばしい匂いがワインに良く合う一品に仕立ててみました。

材料（8枚分）

ジバチ（クロスズメバチ成虫）……約40匹
ミニトマト……8個
クラッカー……8枚
マヨネーズ……適量

①ジバチは軽く乾煎りする。
②クラッカーの中央にマヨネーズをのばす。
③ジバチをちらす。
④左右に半分に切ったトマトをおく。

洋風料理・オードブル

セミの子のスモーク

セミ

つくりやすさ ★★★
おいしさ ★★★★★
たべやすさ ★★★★
入手しやすさ ★★

セミは夏を感じさせるいちばん身近な昆虫です。そんなセミの羽化する直前の幼虫をスモークしてみました。身がしっかり詰まって食べ応えもあり、どことなくナッツ系の味と燻煙の風味と香りがミックスして、鼻孔をくすぐる逸品です。ここでは香りの良いサクラチップを使っています。

材料（4人分）

セミ（幼虫）…… 12匹
レタス …… 4枚
めんつゆ …… 1カップ
塩 …… 少々

①セミは1分ほど下ゆでし、ざるにあげて水気をきり、めんつゆで煮る。
②燻製器に並べて点火し、規定時間（器具による）いぶす。
③火をとめて規定時間（これも器具による）おく。
④レタスは洗ってざるにあげ水気をきり、食べやすい大きさに手でちぎる。
⑤器にレタスをしいて塩をふり、セミを並べる。

（注）ここでの燻製は熱燻といい、手軽にできる簡易燻製器具が市販されています。ただし本来の目的である保存には向きません。

洋風料理・オードブル

クモと卵のファルシー

ジョロウグモ＊

つくりやすさ ★★★
おいしさ ★★★★
たべやすさ ★★
入手しやすさ ★★

クモは揚げると香ばしく外皮も昆虫と違ってやわらかです。秋の成熟したメスのジョロウグモは、黄と黒の縞模様に加え婚姻色である紅色の斑紋が美しく、しかも揚げると長い脚の形が千変万化し、視覚的にも大いに楽しむことができます。パーティーシーズンに向けてぜひとも念頭に置きたい一品です。

材料（4人分）

ジョロウグモ……8匹
卵……4個
バター……大さじ1
生クリーム……50cc
揚げ油……適量
塩・こしょう……少々

①卵をゆで、殻をむいて縦半分に切り、底を薄くスライスして立たせる。
②黄身をぬいてボウルに移し、溶かしバターと生クリームを加えて混ぜ、塩・こしょうで味を調える。
③②を絞り袋に入れ、立てた卵の上に絞り出す。
④ジョロウグモを170度に熱した油に1分ほど通す。
⑤黄身の上にトッピングする。

洋風料理・オードブル

マダゴキのバター焼き

マダガスカルゴキブリ

つくりやすさ ★★★
おいしさ ★★★★
たべやすさ ★★
入手しやすさ ★★

マダガスカルゴキブリはクセがなくて淡泊なので、どんな料理にも使えて便利です。なかでもバター焼きはシンプルで香ばしく、姿形もそのままに、食のチャレンジャーの夢をかきたててくれるでしょう。

材料（4人分）

マダガスカルゴキブリ……8匹
トマト……小2個
ブロッコリー……1／3株
マスタード……適量
オリーブ油……大さじ1／2
塩・こしょう……少々
パセリ……10g
バター……50g

①マダガスカルゴキブリ（略してマダゴキ）は約1分下ゆでし、ざるに取って水気をきる。
②ブロッコリーは小房に分け、塩ゆでする。トマトは輪切りにし、切り口に塩・こしょうをぬり、フライパンにオリーブ油を熱し、両面を焼く。
③①のマダゴキのおなか側の外皮を切り取り、直火に網をのせて焼く。
④4～5分焼き、香ばしいにおいがしてきたらいったん火をとめる。
⑤みじん切りしたパセリとバターを混ぜ、④にぬってもう一度火をつけ、バターが溶けるまで焼く。
⑥トマトを皿におき、その上にマダゴキをのせ、ブロッコリー、マスタードを添える。

洋風料理・オードブル

バグミックスカナッペ4種

ツムギアリ、スズメバチ、カマキリ、タイワンタガメ、サクサン、セミ、バッタ、オオゴキブリ、ジョロウグモ＊

つくりやすさ ★★★
おいしさ ★★★★
たべやすさ ★★★★
入手しやすさ ★★

これはホームパーティーなどにぜったいおすすめ。いろんな虫をふんだんにトッピングしたにぎやかカナッペです。あっと驚くみんなの顔が思い浮かび、作るときからウキウキ楽しい料理です。

【パンの下準備】

フランスパンを16枚厚さ5㎜程度にスライスし、軽くトーストし（表裏約2分）、バターをぬる。

【ツムギアリのカナッペ】

材料（4人分）

ツムギアリ（幼虫、さなぎ）……40ｇ
ブルーベリージャム……適量
いちご……1パック
キウイ……2個
ミント……少々

①ツムギアリは約1分ゆでて水をきる。
②ジャムと混ぜてパンにぬる。
③いちご、キウイ、ミントをカットしてのせる。

【スズメバチとカマキリのカナッペ】

材料（4人分）

スズメバチ（さなぎ）……16匹
カマキリ（幼虫）……適量
きゅうり……1本
レッドオニオン……少々
削り節……少々
タガメチリペースト（市販）……小さじ2
①スズメバチはゆでて水をきる。
②カマキリは素揚げし、削り節と混ぜ、塩少々をふる。
③スライスしたきゅうり2枚をパンにのせる。
④タガメチリペーストをぬる。
⑤スズメバチ各2頭をきゅうりにのせる。
⑥レッドオニオンのスライスをのせる。
⑦カマキリをふりかける。

【ジョロウグモとサクサンのカナッペ】

材料（4人分）

ジョロウグモ……8匹
サクサン……8匹
バター……適量
ミニトマト……4個
アボカド……1個
からしマヨネーズ……適量
塩・こしょう……各少々
①アボカドはスライスし、からしマヨネーズをぬり、数枚パンにのせる。
②サクサンはバターで炒め、身を出し、塩・こしょうする。
③ジョロウグモは素揚げする。
④アボカドにサクサンの身をのせる。
⑤その上にジョロウグモ2匹をトッピングする。
⑥カットしたトマトを添える。

【セミ、バッタ、オオゴキブリのカナッペ】

材料（4人分）

セミ（幼虫）…… 4匹
バッタ …… 4匹
オオゴキブリ …… 4匹
クリームチーズ …… 適量
タルタルソース …… チューブ入り1本
ピンクペッパー …… 少々
卵 …… 1個
パン粉（パセリのみじん切りを混ぜたもの）…… 適量
小麦粉 …… 大さじ2
塩・こしょう …… 少々
揚げ油 …… 適量

①卵をボウルに溶き、小麦粉を混ぜ、セミ、バッタ、オオゴキブリを入れ、パン粉をまぶす。
②セミ、バッタ、オオゴキブリをフライにする。
③クリームチーズをパンにぬる。
④セミ、バッタ、オオゴキブリをのせる。
⑤フライにタルタルソースを絞る。
⑥ピンクペッパーをふる。

洋風料理・アラカルト

タケムシとトマトのカナッペ風

タケムシ

つくりやすさ ★★★★
おいしさ ★★★★
たべやすさ ★★★★
入手しやすさ ★★

タケの髄だけを食べて育つタケムシはクセがなく食べやすい。赤いトマトの円形広場に遊ぶタケムシ三兄弟を彷彿とさせる心和む一品。

材料（8枚分）

タケムシ（タケツトガ幼虫）…… 24匹
餃子の皮 …… 8枚
トマト（中玉）…… 2個
オリーブ油 …… 適量
粉パセリ …… 少々
粗びきこしょう …… 少々

①フライパンにオリーブ油を熱し、タケムシを炒める。
②餃子の皮を両面焼く。
③パリッと焼いた餃子の皮を皿に並べ、輪切り（5㎜程度）にしたトマトを皮の上におく。
④その上にタケムシ3匹をのせ、オリーブ油をかけ、粗びきこしょうをちらす。
⑤中心に粉パセリをふる。

洋風料理・アラカルト

タガメ風味の旬のバグピザ

タイワンタガメ、スズメバチ、エビガラスズメ、ジョロウグモ＊

つくりやすさ ★★★★

おいしさ ★★★★★

たべやすさ ★★★★

入手しやすさ ★★

市販の冷凍ピザにのせて焼くだけなのでとても簡単。季節に取れた旬の虫をトッピング。さらにタガメを使ってフルーティーな香りも演出しましょう。

材料（2人分）

タイワンタガメ …… 2匹
スズメバチ（幼虫、さなぎ、成虫）…… 各8匹
エビガラスズメ（幼虫）…… 8匹
ジョロウグモ …… 8匹
冷凍ピザ（市販）…… 2枚
バター …… 大さじ1
ピザ用チーズ …… 適量
塩・こしょう …… 少々

①ピザをオーブンで8割方焼く。
②タガメは1分ほどゆで、ペーパータオルで包んで水分を取り、キッチンバサミで腹部を開き、身をぬいてほぐし、殻と分ける。
③フライパンにバターを熱し、スズメバチ、エビガラスズメ、ジョロウグモを炒め、軽く塩・こしょうする。
④③をピザにのせ、②のタガメの身をちらし、ピザ用チーズをかける。身をぬいたタガメはピザの中央に飾る。
⑤仕上げに3分ほど焼き、生地のフチに焦げ目がついたらできあがり。

洋風料理・アラカルト

スズメバチときのこのスパゲッティ・カルボナーラ

スズメバチ

つくりやすさ ★★★★

おいしさ ★★★★★

たべやすさ ★★★★★

入手しやすさ ★★

秋の季節の味と香りをたっぷり楽しめる一品です。発育ざかりのハチの子の旨味はカルボナーラソースによく合います。

材料（4人分）

スズメバチ（幼虫、さなぎ）……100g
スパゲッティ……300g
カルボナーラソース（市販）……250g
エリンギ……2本
まいたけ……1／2パック
しめじ……1／2パック
オリーブ油……大さじ1
塩・こしょう……少々
塩……湯の量の1％

①大きめの鍋にたっぷりの湯をわかし、塩（湯の量の1％）を加え、スパゲッティを入れ、時々かき混ぜながら規定時間1分前ぐらいにかたさを見て、アルデンテになっていたら、ざるにあげて水気をきる。
②エリンギ、まいたけ、しめじは食べやすい大きさに分ける。
③フライパンにオリーブ油を熱し、②のきのことスズメバチを炒め、塩・こしょうで味を調える。
④カルボナーラソースを温める。
⑤スパゲッティをソースとあえて器に盛り、スズメバチときのこをトッピングする。

コオロギのカレー

コオロギ2種
（フタホシコオロギ、ハウスクリケット）

つくりやすさ ★★★★
おいしさ ★★★★
たべやすさ ★★★
入手しやすさ ★★

2種類のコオロギを使ったカレーです。黒くてがっしりしたフタホシコオロギと、淡色で華奢《きゃしゃ》なハウスクリケットのミックスです。目でも舌でも両者の違いを楽しんでいただける一品です。

材料（4人分）

フタホシコオロギ……20匹
ハウスクリケット……20匹
カレールウ……80g
玉ねぎ……1個
なす……4個
塩・こしょう……少々
サラダ油……大さじ1

①コオロギは1分ほど下ゆでし、気になるようなら脚を取る。
②玉ねぎは薄切りにし、なすは乱切りにする。
③鍋にサラダ油を熱し、玉ねぎとなすを炒め、コオロギを加えて炒め、塩・こしょうで軽く味付けする。
④水（カップ3）を加えひと煮立ちしたら中火で約15分煮込みいったん火をとめる。
⑤カレールウを割り入れて溶かし弱火で約10分煮込む。

洋風料理・アラカルト

アリの子のオムライス

ツムギアリ

つくりやすさ ★★

おいしさ ★★★★★

たべやすさ ★★★★★

入手しやすさ ★★

ふとオムライスが食べたくなることってありますよね。そんなときちょっと趣を変え、アリの子を入れてみたらどうでしょう。ふんわり卵にプチプチアリの子の取り合わせが新鮮です。

材料（4人分）

ツムギアリ（幼虫、さなぎ）……100g
ご飯……500g
卵……8個
牛乳……大さじ4
玉ねぎ……1個
グリーンピース（缶詰）……大さじ5
トマトケチャップ……大さじ4
サラダ油……大さじ2
バター……30g
塩・こしょう……少々
ソース
　トマトケチャップ……大さじ6
　ウスターソース……大さじ1

①ツムギアリはざるに入れ、熱湯を回しかける。
②玉ねぎはみじん切りにする。
③フライパンにサラダ油（小さじ1）を熱し、玉ねぎを透き通るまで炒め、①のツムギアリ、トマトケチャップを加えて混ぜ、塩・こしょうで味を調え、いったん取り出す。
④きれいなフライパンにバター10gを熱し、ご飯を加えて強火にし、全体に炒めたら③の具を戻し、グリーンピースを加えて炒め合わせる。全体に混ぜたら火をとめ、4等分する。
⑤1人分ずつ作る。卵2個、牛乳大さじ1、塩・こしょうを混ぜ合わせる。
⑥フライパンにサラダ油小さじ1、バター5gを入れて中火にかけ、全体に薄く広げる。
⑦フライパンに⑤の卵液を一気に流し入れ、回しながら全体に卵液を広げ、半熟になったら④のご飯1／4量をのせる。
⑧フライ返しで卵をご飯にかぶせるようにし、フライパンを傾けふちを使って形を整える。
⑨フライパンを傾け、オムライスを返すように器に盛り、ペーパータオルをかぶせて形を整える。残り3人分も作る。
⑩混ぜ合わせたソースをかける。

洋風料理・アラカルト

ミールワームのサンド

ミールワーム

つくりやすさ ★★★★

おいしさ ★★★★

たべやすさ ★★★★

入手しやすさ ★★★

カリッと炒めたミールワームを野菜といっしょにサンドしてみました。作りたてを大きな口でほおばりましょう。あなたの眠っていた野性が目覚めるかも……。

材料（4人分）

ミールワーム……20匹
ホットドッグ用パン……4個
アボカド……1個
レタス……2枚
トマト……1個
レモン汁……少々
サラダ油……小さじ1
塩・こしょう……少々
ソース
　マヨネーズ……大さじ2
　マスタード……大さじ2
　塩・こしょう……少々

①アボカドはスライスしてレモン汁をふる。
②レタスは食べやすい大きさにちぎり、トマトは薄く輪切りにする。
③フライパンにサラダ油を熱し、中火でミールワームを1分ぐらいカリッと炒め、軽く塩・こしょうする。
④パンの上部の中央に切れ目を入れ、片面に半量のソースをぬり、ミールワーム、アボカド、野菜などをはさみ、上から残りのソースをかける。

洋風料理・アラカルト

ワームと大豆ミートのハンバーグ

ジャイアントミールワーム、ミールワーム

つくりやすさ ★★

おいしさ ★★★★

たべやすさ ★★★★

入手しやすさ ★★★

美味しさと栄養たっぷりのワームと大豆ミートの強力コンビです。人にも地球にも優しいヘルシーステーキを召し上がれ。

材料（4個分）

ジャイアントミールワーム（通称：ジャイミル）……160g

（ツヤケシオオゴミムシダマシ幼虫）

ミールワーム……20g

（チャイロコメノゴミムシダマシ幼虫）

大豆ミート（ミンチタイプ）……ゆでて200g

パン粉（牛乳に浸す）……大さじ4

牛乳……大さじ3

玉ねぎ（みじん切り、炒め）……1／4個

ミニトマト……8個

レタス……2枚

トマトケチャップ……大さじ4

オリーブ油……適量

塩こしょう……少々

ナツメグ……少々

①大豆は1分ゆでて水を切っておく。

②ジャイミル、ミールワームはゆでる。

③フライパンにオリーブ油をひいて熱し、ジャイミル、ミールワームはフライパンで炒め、ジャイミルは細かく刻む。

④ボウルにジャイミル、大豆ミート、牛乳に浸したパン粉、みじん切りして炒めた玉ねぎ、塩こしょう、ナツメグを入れる。

⑤粘り気が出るまで混ぜたら、かたまりを4つに分け、厚さ1㎝の小判型を4個作る。

⑥フライパンにオリーブ油をひいて熱し、タネをキツネ色になるまで焼き、裏返して水少々を加え、フライパンのふたをして2分ほど蒸し焼きする。

⑦皿にレタスを敷き、ハンバーグをのせ、トマトケチャップをぬり、ミールワームをちらす。半分に切ったミニトマトを添える。

洋風料理・スープ

アリの子のポタージュ

ツムギアリ

つくりやすさ ★★

おいしさ ★★★★★

たべやすさ ★★★★

入手しやすさ ★★

なめらかでクリーミーなポタージュに、ツムギアリの噛むとプチッとはじける食感がアクセントのスープです。ツムギアリは見た目もポタージュに溶け込んでとても食べやすくなっています。

材料（4人分）

ツムギアリ（幼虫、さなぎ）……80g
じゃがいも……2個
玉ねぎ……1／2個
バター……大さじ2
ローリエ……1枚
固形スープの素（チキン）……1個
牛乳……1／2カップ
生クリーム……1／4カップ
塩・こしょう……少々
ナツメグ……少々
パセリ……少々

①ツムギアリはさっと湯通しして臭みを取る。
②じゃがいもは皮をむいて薄切りにし、水に10分ほどさらし、ざるにあげて水気をきる。
③玉ねぎは縦に半分に切ってから薄切りにする。
④2カップの湯に固形スープの素を入れて溶かす。
⑤鍋にバターを溶かして玉ねぎ、じゃがいもを炒め、1カップの湯とローリエを加え、じゃがいもがやわらかくなるまで煮る。
⑥⑤からローリエを取り出し、④の半分の1カップを加え、フードプロセッサーかミキサーにかける。
⑦⑥を鍋に戻し、ツムギアリと④の残りを加え、中火で煮る。
⑧ひと煮立ちしたら牛乳を加え、塩・こしょう、ナツメグで味を調える。
⑨煮立ったら生クリームを加えて火をとめる。
⑩器に盛ってみじん切りにしたパセリをちらす。

洋風料理・スープ

ハチの子のミネストローネ

クロスズメバチ

つくりやすさ ★★★★
おいしさ ★★★★
たべやすさ ★★★★
入手しやすさ ★★★

ベーコンのかわりにクロスズメバチの旨味でいただく野菜たっぷりスープです。クロスズメバチのはじける食感とともに召し上がれ。

材料（4人分）

クロスズメバチ（幼虫、さなぎ）……80g
玉ねぎ……1／2個
にんじん……1／2本
セロリ……1本
トマト……1個
にんにく……1片
オリーブ油……大さじ1
ローリエ……1枚
固形スープの素（チキン）……1個
塩・こしょう……少々

①玉ねぎ、にんじん、セロリ、トマトは1cm角に切る。にんにくは包丁の腹でつぶす。
②鍋にオリーブ油を熱し、中火でにんにくを炒めキツネ色になり香りが出てきたら、にんにくを取り除き、玉ねぎ、にんじん、セロリを加えて炒める。
③野菜がしんなりしたら、クロスズメバチ、トマトを加えて軽く炒め、湯3カップを加え、ローリエ、固形スープの素を入れて煮る。
④煮立ったら弱火でアクを取りながら5分ほど煮て、ローリエを取り除き、塩・こしょうで味を調える。

洋風料理・スープ

カイコのオニオンスープ

カイコ

つくりやすさ ★★★★
おいしさ ★★★★
たべやすさ ★★★
入手しやすさ ★★★

カイコと玉ねぎ両方の個性的な香りがなんとも不思議に調和した一品。ちょっと冒険的気分で楽しみましょう。

材料（4人分）

カイコ（さなぎ）…… 80g
玉ねぎ …… 2個
にんにく（すりおろし）…… 1片
サラダ油 …… 大さじ2
固形スープの素（チキン）…… 1個
ローリエ …… 1枚
塩・こしょう …… 少々

①玉ねぎは縦半分に切り、芯を取り、繊維にそって薄切りにする。
②鍋にサラダ油を熱し①の玉ねぎを炒める。
③②を強火にして湯5カップを注ぎ、固形スープの素を崩して入れ、カイコさなぎ、ローリエ、すりおろしにんにくも加えて煮る。
④煮立ったら弱火にしてアクを取り10分ほど煮て、塩・こしょうで味を調える。
⑤ローリエを取り除き、器に盛る。

洋風料理・メイン

スズメバチとカイコのパプリカ詰めリゾット

スズメバチ、カイコ

つくりやすさ ★★

おいしさ ★★★★

たべやすさ ★★

入手しやすさ ★★

秋から冬にかけてご家族であたたかな虫煮込み料理はいかがでしょうか。カイコをベースに秋取りスズメバチを加えた栄養満点メニューです。真っ赤なパプリカに黄色いターメリッククライスはクリスマスディナーにもぴったりです。

材料（4人分）

スズメバチ（幼虫・さなぎ）……40g
カイコ（さなぎ）……40g
パプリカ……4個
揚げ油……適量
詰め物
　玉ねぎ……小1個
　さつまいも……小半個
　バター……大さじ2
　無洗米……1／2カップ
　塩・こしょう……各小さじ1／2
　ターメリック……小さじ1
スープ
　固形スープの素（チキン）……2個
　白ワイン……大さじ2
　塩・こしょう……各小さじ1／2
　イタリアンパセリ……1束

①玉ねぎはみじん切りにする。さつまいもは5㎜角に刻む。パプリカは上部を横に切り取って種をぬき、上部はふたにする。スープ用の湯をわかす。

②フライパンにバターをひき、玉ねぎ、さつまいも、米、塩・こしょう、ターメリックを炒め、同様にスズメバチ、カイコを炒める。

③炒めた具をパプリカの半分ぐらいまで詰める。スズメバチ、カイコの半量は混ぜ、半量は表面にのせる。

④鍋にパプリカを並べ、お湯をひたひたにし、固形スープの素を入れ、中火で加熱。沸騰したら弱火にし、パプリカの中にもスープを入れ、パプリカのふたをして、20分ほど煮込む。

⑤深めの皿の中央にパプリカをのせ、ふたを立てかけ、周りにスープを注ぎ、具の上にイタリアンパセリを飾る。

洋風料理・メイン

スズメバチのキッシュ

スズメバチ

つくりやすさ ★★

おいしさ ★★★★★

たべやすさ ★★★★

入手しやすさ ★★

あつあつをいただく。やわらかな卵焼きに包まれたハチの子のプチプチはじける歯触りと、クリーミーな中身の味わいを楽しむことができる一品。成虫のサクサク感もいい。オオスズメバチが手に入ったらさなぎをトッピングに使っても見栄えがします。ハチの種類によってさまざまに工夫して楽しみましょう。

材料（4人分）

冷凍パイシート……4枚
スズメバチ（幼虫・さなぎ）……80g
スズメバチ（成虫）……20匹
ベーコン……40g
玉ねぎ……1／2個
バター……大さじ1
ミックスベジタブル……40g
卵……4個
牛乳……1カップ
粉チーズ……大さじ2
塩・こしょう……少々

①フライパンに油をひき、薄切りした玉ねぎをキツネ色になるまで炒める。
②1㎝幅に切ったベーコン、スズメバチ（幼虫・さなぎ・成虫）を加え、さらに炒め、塩・こしょうで味を調える。炒めたらハチの成虫は別に取り置く。
③器にバターをぬり、パイシートをはりつけ、②を入れて平らに広げる。
④ボウルに卵を溶き、牛乳を混ぜ、塩・こしょうする。
⑤器に④を流し込む。
⑥ミックスベジタブルを適当にちらす。
⑦ハチの成虫をトッピングする。
⑧粉チーズをふりかける。
⑨200度に予熱したオーブンで20分焼く。

洋風料理・メイン

サクサンとカイコのトマト煮

サクサン、カイコ

つくりやすさ ★★★
おいしさ ★★★
たべやすさ ★★
入手しやすさ ★★

ともにまゆを作るガのさなぎをいっしょに煮込んでみました。カイコとサクサンの個性的なにおいをトマトソースの酸味がまろやかにしてくれています。

材料（4人分）

カイコ（さなぎ）…… 200g
サクサン（さなぎ）…… 200g
玉ねぎ …… 1／2個
さやいんげん …… 100g
なす …… 1個
ローリエ …… 1枚
水 …… 1／2カップ
サラダ油 …… 大さじ1
トマトソース …… 300g
固形スープの素（チキン）…… 1個
パルメザンチーズ …… 少々
パセリ …… 少々

①カイコさなぎはさっと湯通しして臭みを取る。サクサンはゆでて皮をむく。
②なすは輪切り、玉ねぎはくし形切り、さやいんげんは長さを半分に切る。
③鍋で油を熱し、なす、玉ねぎ、さやいんげんを炒める。
④③にトマトソース、水、ローリエ、固形スープの素、カイコ、サクサンを加えて強火でひと煮立ちさせ、弱火で10分ほど煮て、ローリエを取り出す。
⑤スープ皿に盛り、チーズとみじん切りのパセリをふる。

洋風料理・メイン

セミフライとジャイミルのフリッター

セミ、ジャイアントミールワーム

つくりやすさ
★★

おいしさ
★★★★★

たべやすさ
★★★

入手しやすさ
★★

肉や魚がフォーマルメニューだとしたら、昆虫はちょっと趣を変えたカジュアルメニューといったところ…。作るのにちょっと手間ですが、本格的なディナーのメイン料理としておすすめです。カリッとしたセミフライとジャイミルのふんわりフリッターの食感の違いも楽しめます。ちょっとおしゃれで食べ応えも十分なメニューです。

材料（4人分）

フリッター用

ジャイアントミールワーム（通称ジャイミル）……16匹

にんじん……小1／2本

万能ねぎ……1本

卵白……1個分

揚げ油……適量

片栗粉……大さじ2

小麦粉……大さじ1

塩……少々

こしょう……少々

白ワイン……少々

フライ用

セミ幼虫……12匹

パセリ粉（市販）……適宜

パン粉……1／2カップ

小麦粉……1／4カップ

卵……1個

塩……少々

こしょう……少々

揚げ油……適量

からしマヨネーズ……大さじ2

クレソン……1束

レモン……1個

【フリッター】

①にんじん、万能ねぎはみじん切りにする。
②ボウルに片栗粉（大さじ1）、にんじん、万能ねぎ、塩、こしょう、白ワインを混ぜる。
③ボウルに卵白1個分をほぐし、ツノが立つくらい固く泡立てる。
④泡立てた卵白に、小麦粉（大さじ1）、片栗粉（大さじ1）を加えてさっくりまぜ、野菜類も加えてまぜる。
⑤ジャイアントミールワームをゆでる。
⑥泡立てた卵白を大きめのスプーンに取り、ジャイアントミールワーム（2匹ずつ）を包むようにして入れ、中温（160度）で揚げる。

【フライ】

①セミを洗い、水気を取り、背部に切り込みを入れ、塩・こしょうを軽くふる。
②パセリ粉をパン粉に混ぜる。
③セミに小麦粉・溶き卵をまぶし、そのあとパン粉をまぶす。
④180度で揚げる。

【盛りつけ】

平皿にフリッターとフライを盛る。クレソンを中央に置き2種を区切り、輪切りレモンとからしマヨネーズを添える。

洋風料理・メイン

アリの子のパンプキンシチュー

ツムギアリ

つくりやすさ ★★★

おいしさ ★★★★★

たべやすさ ★★★★

入手しやすさ ★★

噛むとプチプチはじける食感とほんのりあま～いクリーミーな味わいが魅力のツムギアリシチュー。かぼちゃとのコンビネーションが最高です。

材料（4人分）

ツムギアリ（幼虫、さなぎ）……100g
玉ねぎ……1個
かぼちゃ……大1／4個
にんじん……1／2本
しめじ……1／2パック
ブロッコリー……1／2株
ホワイトソース
　バター……40g
　小麦粉……大さじ3
　牛乳……2カップ
白ワイン……1／2カップ
固形スープの素（チキン）……2個
水……2〜2＋1／2カップ
ローリエ……1枚
サラダ油……大さじ1
バター……10g
塩・こしょう……少々

①ツムギアリはさっと湯通しし、ざるに取って水気をきり、軽く塩・こしょうする。
②玉ねぎは縦半分に切り、6〜8つのくし切りにし、さらに横半分に切る。
③かぼちゃとにんじんは皮をむき、一口大に切る。
④しめじは石づきを取り、食べやすい大きさにほぐす。
⑤ブロッコリーは小房に分け、軽くゆでる。
⑥鍋でサラダ油とバターを熱し、玉ねぎ、かぼちゃ、にんじんを炒め、白ワインを加えて混ぜ合わせる。
⑦⑥に固形スープの素、水、ローリエを加え、煮立ったら弱火にし、ふたをして10分ぐらい煮る。
⑧ホワイトソースを作る。鍋にバターを弱火で溶かし、小麦粉を加えて木べらで混ぜながら、焦がさないように炒める。プクプク泡立ってきたら牛乳を加えて中火にし、泡

立て器でダマにならないように手早く混ぜ合わせる。塩・こしょうしてときどき混ぜながら、とろみがついてきたら弱火にして少し煮詰める。

⑨⑦の煮込み鍋にしめじ、①のツムギアリ、⑧のホワイトソースを加え、10分ほど煮込む。ローリエを取り出し、ブロッコリーを加えてひと煮立ちさせ、塩・こしょうで味を調える。

⑩深めの皿に⑨のスープを注ぎ、カボチャとブロッコリーを並べ、カボチャの上にツムギアリをおく。

洋風料理・メイン

タガメ風味のコオロギとイナゴのチーズ焼き

コオロギ、イナゴ、タイワンタガメ

つくりやすさ ★★

おいしさ ★★★★★

たべやすさ ★★★★

入手しやすさ ★★

秋に取れたてのコオロギとイナゴを焼き込んでみました。濃厚なドミグラスソースにタガメのフルーティーな香りがぴったり。たっぷりつけて召し上がれ。

材料（4人分）

生地
薄力粉 …… 2カップ
水 …… 2カップ
卵 …… 2個
じゃがいも …… 50g

具
コオロギ …… 20匹
イナゴ …… 20匹
キャベツ …… 4枚

トッピング
ミニトマト …… 8個
ピザ用チーズ …… 200g
バジル …… 適宜

ソース
ドミグラスソース（市販）…… 大さじ2
タガメ …… 1匹
イタリアンパセリ …… 適宜

【ソース】

①タガメを1分間ゆでる。
②タガメを開いて身を取り出しドミグラスソースに混ぜる。

【生地】

①薄力粉をボウルにふるう。
②水を少しずつ加え、泡立て器で溶く。
③生地に卵を入れて混ぜる。
④じゃがいもをすりおろして加える。

【調理】

①キャベツはせん切り、ミニトマトはいちょう切り、バジルは細かくちぎる。
②生地にキャベツを入れる。
③コオロギとイナゴは1分間下ゆでし、ざるに取って十分水気をきり、脚を取る。
④生地に③のコオロギとイナゴを入れる。
⑤生地を4等分（1カップずつ）にする。

⑥熱したフライパンに油を薄くなじませる。
⑦中火にして、1人分（1カップ）の生地を流す。
⑧底が香ばしいきつね色になったら（約1分～1分半）裏返す。
⑨ミニトマトとバジルをちらし、ピザ用チーズをのせ、ふたをして約1分焼く。
⑩皿へ盛って放射状に切る。
⑪イタリアンパセリを飾り、タガメのソースを添える。

昆虫食対談

虫は愛でるもの？ 味わうもの？

奥本大三郎 × 内山昭一

カブトムシを食べるなんて、もったいない!!

奥本　なぜ、虫が好きか? それはもう、物心ついたときからです。「なぜ?」と聞かれても、そんなの説明できませんよ。どうして女の人が好きかっていうのと同じで(笑)。また『三つ子の魂百まで』っていう言葉があるぐらいだから、生まれたときからそういう好みっていうのは決まっているものなのかもしれませんね。

内山　僕の場合、いま思うと野生食のルーツは川魚でしたね。夏になると用水で魚を捕っていました。フナやドジョウやナマズです。午前に取ったのはお昼のおかず、午後取ったのは夕飯のおかずだったんです。それと出身が長野なんです。長野では昔から虫を食べる習慣がありましたから、特別な意識はなくて川魚と同じ普通の食べ物だったんです。カイコさなぎなどご飯に山盛りにかけて食べてました。いま名付けると「蛹丼《さなどん》の大盛り」でしょうか。当時は採集することも普通にやっていましたしね。

奥本　僕は鳥も虫も両方好きですね。まあ、生き物は特別なものを除いて全部好きなんです。

内山　小さいときに食べてみようって思われたことはありませんでしたか?

奥本　そうね、イナゴの佃煮ぐらいは普通に食べていましたが、カブトムシ食べるなんて、もったいないですよ。

内山　日本の場合は結構みんな佃煮にしちゃうので、昆虫食といっても味はひとつなんですね。僕の場合はもうちょっとバリエーションをいろいろ考えたいということで、今回は、こんなメニューを用意してみました（94〜97ページに掲載）。ワインもよろしければ召し上がってください。お嫌いではないですか？

奥本　いえ、もう好きで困っていますが、ワインに合う虫って何ですかね。ブドウスカシバっていう蛾《が》がいて、幼虫はぶどうの木のなかにいるんですよ。それは多分風味が合うでしょうね。

内山　ああ、あれはいいかもしれませんね。

奥本　これは何ですか。

内山　これは、真ん中がセミのフライですね。

奥本　材料はどうやって手に入れたんですか。

内山　夏場に幼虫を採集して、冷凍してあるんです。真ん中がセミで、こちらの細長いやつがバッタです。いろいろ混ざっていますが、トノサマバッタはちょっといないので。あとは、この大きいのがオオゴキブリです（対談収録は2008年3月8日）。

奥本　うわー、僕はゴキブリは嫌だな、ゴキブリが出てくると、ちょっと（笑）。

内山　そうですか？　これはワインにぴったり合うと思いますけどね。あと、ここにあるディップ状のがサクサンです。これ、ちょっとつまんでみていただけますか。サクサンはヤママユガの一種で、そのさなぎです。中身を取り出し、バターで焼いて、塩、こしょうしたものです。

奥本　ほう、これはなかなか上品ですね。

内山　ウニみたいな濃厚な味がしますでしょう。

奥本　ええ、これはなかなかいけます。

内山　ウニみたいな食感がありますしね。

奥本　一番白ワインに合うんじゃないかな。こってりした魚系の味と香りですね。

タガメは洋菓子の香り

奥本　タイに行ったときにツムギアリはザルで採取して、その場でスープにしてもらったんですけどね。あれはなかなか上等ですね。

内山　すごく木の高い所に巣を作りますから採取も結構大変みたいなんですよ。

奥本　嚙む力が強いので、取るのが大変なんだそうですね。

内山　ツムギアリの卵をジャムに和えたのもあります、どうぞ召し上がってみてください。

奥本　うん、でもあまり味は分からんですね。でもクルミみたいな青臭い味がするのかな。

内山　植物系の感じはしますね、昆虫の場合は。ナッツとか。セミもそうですよね。

奥本　なかはクルミの感じ……。これは何ですか。

内山　これがまたおいしいんです。これはキイロスズメバチ、ゆでています。上にトッピングしてるのが、カマキリ。卵嚢から出たばかりです。

奥本　わー、それはすごいなあ。

内山　これもぜひ、召し上がってください。

奥本　いただきます。タイではタガメなんかも食べますよね。

内山　このディップには、タガメのエキスが練り込まれたチリソースを使っているんですよ。

奥本　ああ、ほんとだ。甘い香りがする。洋菓子みたいな香りがしますね。

内山　そうなんです。バナナの香りがして、食べると洋ナシの味がする。そんな形容でいつも言ってるんですけど、すごくフルーティーな香りがして。向こうでは炒め物に入れたり、いろいろ使うみたいです。ところで先生は、オーストラリアのアボリジニが食べる大きな蛾の幼虫は召し上がったことは？

奥本　ボクトウガの幼虫でしょ。最近あれを食べるツアーがあるみたいなんですよ。僕は食べたことないんだけど、食べるなんてほんとにもったいない！（笑）。あれの成虫はすばらしい蛾です。

内山　中国、台湾なんかでも食べる習慣がありますが、ほとんどが薬膳ですね。

奥本　四川省だったかな、薬膳で昆虫ばっかりの、サソリとかムカデとか、ああいうのがいっぱい入ったのを食べたことがありますけど、値段も結構高かったですよ。

内山 何に効くんですか。

奥本 それぞれいろんなこと言ってましたが、忘れました（笑）。まあヘビの肝なんかは視界がクッキリして、てきめんに効果がありますが、虫で効果というのは感じたことないなぁ。

内山 高い薬ということでいえば、冬虫夏草というのがありますよね。冬虫夏草はいま、少なくなっているという話ですね。

奥本 本来は自然のものを採取するんでしょうけど、最近ではカイコかなんかに寄生させて、人工的に作っているようです。

内山 セミタケとか、オサムシタケとかいうのもありますね。

奥本 オサムシって、それそのものがいい虫ですから、僕はやっぱり標本が欲しい。食べちゃったら標本になりませんから（笑）。

内山 ところで、奥本先生の著書で、キリスト教のお祭りのことを書かれていますね。キリスト教的には虫は食べていい悪いっていうのはないんでしょうか。

奥本 キリスト教はとくに禁じてはないと思いますよ。ユダヤ教でもバッタは食べてもいいみたい。キリスト教は食い物についてはそんなにうるさく言わないですよ。キリスト教で禁じているのは、セックスばっかり（笑）。本来がセックス好きだからそれを我慢すると偉くなった

ような感じがするという（笑）。

内山　という話ではアリなんかは強壮剤になるといいますが。

奥本　中国では精力剤としても売られていますもんね。

内山　飴のなかにコメノゴミムシダマシの幼虫を入れたキャンディーが一時ありましたね。アメリカで。日本でも結構売られてましたが、売れたんですかね？

奥本　テキーラにも入れるんですよね。十分なアルコール度数があるという証明なんですよ。腐らない……といいたいわけで、虫のエキスが云々じゃなくて。

昆虫の胸肉は赤身の肉

奥本　国内でというと、この前テレビの番組で海野和男さんと虫をふたりで料理して食べたんですよ。ファーブルが食べたのを同じようなものを食べるというのをやったんですが、あれは上手な人がやったらおいしいでしょう。でも僕と海野さんだからね（笑）。

内山　どんな方法で召し上がったんですか。

奥本　油で揚げて。

内山　ウスバカミキリでしたっけ。

奥本　そのカミキリは手に入らなかったから日本にいるミヤマとかシロスジとか、あとはゴマダラカミキリだね。

内山 僕は幼虫はクワカミキリを食べました。旨味があってとてもおいしいですよね。

奥本 クワカミキリは大量に手に入るんじゃないですか？

内山 それが最近は桑畑が減ってますので、なかなか手に入れづらいんです。

奥本 キボシカミキリがいっぱいいるじゃないですか。

内山 ええ。でも幼虫を捕まえるのがなかなか難しいんです。成虫は結構いるんですけど。

奥本 養蚕をやらなくなって、桑畑がほったらかしになってるんですよ。そこにキボシカミキリっていうヒゲの長い小さいのが大発生してるんです。

内山 幼虫はそんなに大きくないです。でも、フライパンで炒めるとギュッと伸びるんですよ。倍くらいになります。

奥本 ミヤマカミキリとかシロスジカミキリとか、でかいのはどうなんでしょう。

内山 やはり幼虫のほうがおいしいですよ。成虫になってしまうと、甲虫は固くて食べられないですね、外側は。ですから割って、筋肉を取り出して食べるんです。僕は、いつも胸肉と言ってますけど（笑）。大きくなったのは旨味があって、ちょっと赤身の肉なんですよ。

奥本 子供のときにトンボ取って裂いたときに、これ食えないかなって思ったことあったけど。

内山 トンボの肉も、そういう意味でおいしいと思いますね。

奥本　ファーブル昆虫記ではセミも出てきますね。ＮＨＫの番組の際は、日本のセミも食べました。味は、うーん、あんまりよく分からなかったなぁ。量も少なかったしね。

内山　沖縄では食べる習慣があったみたいですが、成虫を乾煎《からい》りするって聞いたことありますね。でもって、そのままパクッと食べる。

奥本　僕は沖縄では食べたことないですけど、タイでは小型のセミは食べましたよ。ヒグラシ、ツクツクボウシくらいの感じでしたが、ヒグラシの仲間の成虫はお腹のなかが空洞だからダメなんですって。でね、その小型のセミは、女の子が手で取るんです。まるで宮本武蔵が箸でハエを捕まえるみたいにして。で大量に取って、中華鍋に入れてナンプラーで炒める。はじめはギーギー鳴いてるんだけど、だんだん声が静かになってね（笑）。ちょっと残酷なんだけど。でもねそれがビールのつまみにいいんですね。

内山　先生、セミを召し上がってみてください。

奥本　これですか。ほう、これは上手に揚がってるよ。揚げたてはもっとおいしかっただろうね。これはアブラゼミですか。

内山　アブラゼミです。クマゼミも一度食べたいのですが、関東では北限が熱海あたり。それより西に行かないといないですから。

奥本　でも、1年に5㎞ぐらい北上してるらしいですね。温暖化の影響と言われていますが。

内山　あと、じゃあ、10年くらいしたら、葉山あたりに来るかもしれませんね。

ジョロウグモは子持ちに限る

内山　スズメガ系は成虫のメスがお腹のなかに卵ができた頃がおいしい。カイコなんかは子供の頃、普通に食べてましたから。

奥本　ここにあるカイコのさなぎはシナモンみたいな感じのものを入れたんですか。

内山　これはね、塩だけです。

奥本　韓国行ったら、新聞紙に包んでずいぶん売ってるでしょう。

内山　韓国ではそうですね。ポンテギっていって、缶詰になっていますね。ジョロウグモを揚げたものも意外と旨味があって。お腹のところが一番おいしいんです。

奥本　ジョロウグモの糸の元が入ってるところがおいしいんですね。

内山　そうですね。そこが一番おいしいです。やっぱり、何でもそうですけど、取れたてがおいしいですよね。秋にジョロウグモが行列になって巣を作るんですけど、それを次から次から取るんですよ。この赤いのが出てきた頃が食べ頃ですよね。これが婚姻色で、こうなるとお腹のなかに卵がいるので。だいたい子持ちなので、これがなかなかおいしいんですよ。

奥本　東南アジアに行くと、マンネンヒツヤスデとか、このくらい（25㎝）あるでしょう。

内山　ヤスデはどうなんでしょうね。おいしいんですか。ヤスデは食べたことないんですね。僕はもっぱらムカデなんですよ。

奥本　ムカデもいいんじゃないですか。ムカデこそ精力剤でしょう。

内山　そうなんですよ。ムカデは揚げると、本当にカラッとして、魚の骨をパリパリ食べるみたいに。骨せんべいみたいな感じになるんです。

奥本　しかし、おいしさということで言ったら、スズメバチですね。

内山　ハチの幼虫っていうのは、本当においしいですからね。あれがもっと大きくなったらいいですよね。おいしさからいうと、クロスズメバチが一番じゃないですかね。オオスズメバチもすごくおいしいですが、味はクロのほうが凝縮されてますね。チャーハンみたいに炒めてもいいし、炊き込んでもいいしね。比較的何にでも使えるんです。

奥本　日本でもアリにチョコレートをかけてチョコアンリっていうお菓子があったそうですね。

内山　チョコですか。僕もそういえばナナフシを揚げたやつにチョコをコーティングしたものを作ったことがあります。ちょうど〝小枝チョコ〟にそっくりなんです。もっとでかいナナフシでしたら、ポッキーにそっくり（笑）。

ファーブル先生のレシピ

内山　ファーブル昆虫記のセミの記述で、すごくおいしいということで試してみたが、あんまりおいしくないんじゃないかって。紙食べてるみたいで、パリパリしてちっとも味がしないと書いてありましたけど。

奥本　あれはオリーブ油かなんかで、塩、こしょうとオリーブ油かな、それでさっと炒めただけだから。やっぱり、もっと油の量を多くして、カリッと揚げるとかすればいいかもね。

内山　奥本先生は本にも書いてらしたけど、ちょっと油が少なかったかもしれませんね。

奥本　だから、あくまでも調理法でしょう。セミでもエビでも。外骨格のものはカリッと揚げるというのが原則じゃないでしょうか。

内山　思ったんですけど、ひとつは先生がおっしゃった調理法に問題がある、それともうひとつは、どう考えても、日が昇ってから幼虫を取るという取り方がどうも腑に落ちないんですが……。もっと早い時間のほうが取りやすいんじゃないかと……。

奥本　いやいや、あっちのセミは地面から出てくる時間が違うんです。日本のセミって、夜の8時くらいから出てくるけど、あっちのは昼間出るのがいるんですよ。それは面食らいますけど。

内山　昼間出るんですか？

奥本　昼間セミが出てるなんてね、日本では間違ったセミですよ。

内山　だからちょっと味が落ちるのかなって思ったりしたんですが、違うんですね。でも考えると、昼間は天敵に襲われやすいので、夜ちゃんと飛べる状態にしておこうというのが普通なような気がしますが。

奥本　おそらく理由があって昼間に出てくるんでしょうけど。白昼堂々と出てくる。おかげで写真は撮りやすいんです（笑）。

内山　ファーブル昆虫記に出てくる虫で、おいしそうな虫を挙げるとしたら……。

奥本　料理法にもよるけど、やはりセミでしょう。それから、砂漠のアブラムシとかカイガラムシの仲間のマナというのがありますね。旧約聖書にも出てくる虫です。

内山　甘いんですってね。

奥本　そう。砂漠の木に付くカイガラムシ。あれは植物から汁を吸って、余分な糖分を出すんですね。それが乾いて白くなってる。それが砂糖みたいに甘いんですよ。だから、砂漠の民はそれを賞味したんですね。イナゴを食べ、マナをなめて。ある日、朝起きると、マナが降ってたっていうんでしょう。

内山　ビスケットの名前にもあるマンナのマナですか。

奥本　そうそう。旧約聖書に「マナを降らせ」っていうくだりがあります。あとは旧約聖書にイナゴも出てくるんですが、実はあれはイナゴじゃなくてイナゴマメだっていう説もあるんです。だけどイナゴも食べていたと思いますよ、間違いなく。

食べられない虫、食べたくない虫

奥本　食べたら死ぬのがありますよ。ツチハンミョウですね。ハンミョウの毒っていうのはカンタリジンという毒ですから、腎臓をただれさせるらしいですよ。乾燥重量で何㎎っていったかな。

内山　30㎎ですね。非常にわずかな量で、2、3頭粉にして食べると致死量になるという猛毒ですね。

奥本　七転八倒の苦しみのうちに死ぬそうです。歌舞伎のお家騒動はみんなハンミョウを使うんです。

内山　昔、大奥でそれを使って、いろいろあったという話がありましたね。

奥本　そうそう。ツチハンミョウだけは間違っても食うなと。だけど、ごく微量だと、催淫剤、媚薬《びやく》になる。尿道を刺激して、すごくいいらしい。

内山　ああ、そっち方面にいいわけですね（笑）。

奥本　あとはハグロゼミなんていうセミも毒がある。それからベニモンマダラという蛾なんかは青酸カリが体にあるので、青酸カリの毒ビンに放り込んでもなかなか死なない。だから虫はやたらめったら食うもんじゃないですね。ちゃんと分かってないと。バッタのなかでも、赤い色やら黄色い色の警戒色のやつはやめたほうがいいですよ。

内山　フンコロガシも口にするのに抵抗のある人が多いでしょうね。

奥本　あれはタイに行くと、ナンバンダイコクの尻尾の先を切って、振ってフンを出して唐揚げにするとか言ってましたよ。僕は食べたことがないけどね、やっぱり珍味なんじゃないですか。地元の人たちにとっては。

内山　先生は先ほどゴキブリは嫌だっておっしゃってましたね。

奥本　ゴキブリは嫌だね。関節と関節の間が揚げられたときにふーっと膨れたりして、黄色っぽくなったりするんです。あれ見てしまうとどうしてもダメだな（笑）。

内山　ゴキブリを揚げたやつご覧になったことあります？

奥本　卵鞘《らんしょう》かなんかのところが膨れるでしょう。なんだかすごいにおいがしそう。

内山　いえいえ、意外とそれがあまりにおいはないんですよ。僕はよく食べるんですけど。よく食べるのはマダガスカルゴキブリといって、あれはかなり大きい。だから中身が結構詰まっていまして、食べでがあるんです。しかも結構爬虫類系のエサとしてペットショップに出回っ

奥本大三郎（おくもと　だいさぶろう）

フランス文学者、ＮＰＯ法人日本アンリ・ファーブル会理事長、ファーブル昆虫館館長。1944年生まれ。大阪府出身。東京大学文学部仏文学科卒、同大学院修了。フランス文学研究・教育に携わり、昆虫に関するエッセイなどの著書・翻訳多数。ジュニア版『ファーブル昆虫記』（集英社・全8巻）翻訳に続き、『完訳ファーブル昆虫記』(集英社・全10巻・20冊)の翻訳に取り組む。1981年に『虫の宇宙誌』で読売文学賞、1995年に『楽しき熱帯』でサントリー学芸賞を受賞。

ているので手に入れやすい。あれを家で飼育して食べますね。

奥本　ああ、背中丸出しのオオゴキブリの感じ……。

内山　そうです。そのマダガスカルゴキブリというのは、動きがものすごく遅い。羽もない。で、お腹のなかに赤ちゃんが出るので、そのときの赤ちゃんというのが珍味ですね。非常にやわらかでおいしいです。

奥本　そういう奥深いところまでは、僕には、まだ分からないなぁ（笑）。そうそう、あれも食べたくないなぁ、カマドウマ。

内山　いわゆる〝便所コオロギ〟ですね。

奥本　鎌倉に行くと、山の斜面に横穴があるんです。そこの湿った天井の上にカマドウマがワーッととまっている。芥川龍之介の『羅生門』のなかで、羅生門の上に下人がいて、老婆の死体を髪の毛1本ずつ抜いているシーンがあるでしょう。あのイメージなんです（笑）。

内山　たしかに、あの斑《まだら》の茶っぽい色っていうのは、食欲をそそらないですよね、でもちょっとエビみたいだなと思うときもあるんですけど。実は僕もまだ1匹しか食べたことないです。

奥本　どうですか、味は。

内山　味はコオロギですね。

奥本　どうも見た目がいかん……。あと、昔のくみ取り便所の裏側にあれがワッといたりしたから、不潔なイメージがかなりあるんですよ。

それでも食べてみたい

内山　僕はなんでも食べてみたいですね。毒があるもの以外なら。たとえばハエも衛生的に飼育すれば問題ないと思います。とくにウジは非常にいい、いろんな要素がありますから。

奥本　だって、ひと頃は、缶詰の量を増やすのにスズメバチの幼虫に混ぜてたって噂《うわさ》を聞いたことがありますよ。

内山　ああ、そうですか。ぱっと見は分かんないですよね。ウジは、ちゃんとした衛生的な環境で飼育したものだったら、ぜひ食べてみたいですけどね。チーズに入れて飼育するやつもありますし。

奥本　イタリアでしたか。チーズのなかに入れて。

内山　あれはすごいおいしそうだなと思います。

奥本　イタリアのチーズでやれば、だいぶ風味が違ってくるでしょうね。

内山　そうでしょうね。なかなかいい味だと思いますね。

奥本　荒俣宏さんが若いときに日魯漁業に勤めてたんですって。で、宿直してたらウジ虫の群がザーッと出て来たっていうんですね。クジラの肉か何かが腐りかけてて、そこで大発生したらしいんですけど、それ食べたらすごいでしょう。材料はクジラの肉ですからね。
内山　やっぱり、食べているもので味は左右しますよね。何を食べているかによって。
奥本　ウンチ食べてるのよりはチーズのほうがいいような気がするけど（笑）。

ダンゴ虫を大きくしたらノーベル賞⁉

奥本　日本ではたとえばお菓子なんかに蛾が入っていた、虫のかけらがちょっとあったというだけで大騒ぎでしょ。その生産レーン全部捨ててしまう……こんなことしているのは日本だけなんですよ。フランスのレストランで飯食って、スープのなかにハエが入ってたから、ボーイを呼んで文句を言うと、そこで指でつまんでポイと捨てちゃう。で「これでいいですかって？」というのが、田舎では普通ですからね。
内山　それは、先生、ご経験がおありなんですか。
奥本　ありますよ。田舎に行くと家畜を飼ってますからね。ハエは日常生活のなかに入り込んでまして。いまの日本だけですよ、ハエも何もいなくなったのは。ましてやゴキブリなんて出たら、マンションの値段が下がるくらいの騒ぎ。こないだ神保町の交差点でティッシュ配っている女の子がいたんですが、その頭に赤トンボがとまりそうになったんですよ。そしたら「ギャー」って言って怯《おび》えてしゃがみこんじゃって。お前のほうが気持ち悪いよって（笑）。あれ

は反応として異様ですよね。

内山　虫というと、非常に嫌悪感を示す人たちが多いんですけど。そういった方に昆虫食を啓《けい》蒙《もう》することは可能でしょうか。

奥本　もう、それはやはりハンバーグみたいに不定形にしないとダメでしょうね。

内山　よっぽどの食糧難に襲われないかぎりは、まあ、口にはしないでしょうね。昆虫食を一番阻んでいる原因はかたちだと思うんですが。

奥本　そもそも無知なことが多い。でも飢えれば食べますよ、絶対に。それもハンバーグだったら、絶対に飛びつくと思う。で、そういうノウハウを一番持ってるのが日本の食品会社だと思うんですよ。ああいうところの高い技術を使って誰でも食べられるようなものにすることをぜひやらなければいけないと思いますね。たとえばアフリカで大量発生するサバクトビバッタなんかでハンバーグができるといいですよね。

それから、いまは世界中で金持ちだけが牛肉を食べているわけですよね。その次が豚、ニワトリ……。牛の場合は食べられるようになるまで時間もお金もかかる。一方で、ススキやワラを食べて2週間で成長するような生き物は、もうバッタしかない。だから、もし世界中のみんなが動物性タンパク質をたっぷり食べたいっていうんだったら、もう昆虫に頼るしかない。資本があったら、僕が会社を起こしたいくらいですよ（笑）。

内山　定期的に昆虫を使った料理を食べる催しをやってるんですけど、意外と女の子のほうが食べるんですよ。カップルで来て女の子のほうは食べるけど、男の子は「えーっ」て引いちゃうのが多くて。そこまで来ると、女の子のほうがすごいですね。

奥本　まあ、普通の人にはね。それと月に1回でも週に1回でも、田舎に行って裸足で農作業でもすることですよ。そうすると、ミミズでも何でも出てくるし。たとえば、サラリーマン生活してて、たまに釣り堀に行って、ミミズ付けようとしたらためらうと思いますよ。子供のときにさんざんやってた人でも、気持ち悪いって言うかもしれないね。

内山　そうですね。慣れだと思いますね。それと同時に、僕としてはその会を通して、ありのままの昆虫食を食べてもらえる人を増やしていきたいと思ってるんです。食べた人はおいしいって、昆虫食に偏見がなくなるんですね。食べる前は、「えーっ」という人が多いんですけれども、食べると、なんだこんな味かっていうケースが多い。意外と普通の味だということに気が付く。

奥本　小魚の佃煮と同じですもんね。

内山　そう、同じなんですよ。エビとかと同じ節足動物。外骨格モノですから。

奥本　エビやシャコなんて、見た目からして虫そのものですからね。ときどき僕は思うんだけど、ダンゴムシを伊勢エビくらいの大きさにしたらノーベル賞もんですね。

内山　あれは黒い背中がごろっとあったら、美味しいかもしれませんね。

奥本　もしダンゴムシがこのくらい（30㎝）の生き物だったら、あれはゆでたら、まったく伊勢エビそのものですよ。伊勢エビの触角をとったみたいなものだから。しかもダンゴムシは枯れ葉で飼えますからね。つまり枯れ葉で伊勢エビが飼育できるとしたら、それは凄いですよ。

内山　これからの食糧難の問題に際してということですが、ちゃんとした環境のもとで育てるというのがひとつの条件になるでしょうね。最近も火星で住むための、火星で何を食料として暮らすのかという研究があって、そこでカイコが注目されているんです。カイコのさなぎというのは、カイコ自体の飼育技術が確立されているので、非常に飼育しやすいということもあるんです。それで、それを粉末にして、クッキー状にしていろんなものに混ぜて。ハンバーグに入れてもいいし。宇宙だと昆虫食が一番、不足するタンパク質を補うにはいいだろうと（この内容については207ページに掲載）。

美味しいものは、こっそり食べる

内山　先生は蝶をいろいろ集めていらっしゃいますけど、蝶は食べようかなとは。

奥本　もったいないですよ。オオムラサキのさなぎなんかエビみたいですけど。

内山　アゲハの幼虫は柑橘《かんきつ》系の味がしていいですよ。それにモンシロチョウの幼虫がガンに効くという研究が最近出て。それから、僕は見つけると持ち帰ってつまみにしてるんですけど（笑）。殺虫剤の問題はあるんですが、いまは家庭菜園があるじゃないですか。あそこはほとんど消毒しないから安心かなと。野菜も作って、虫も育てて。僕はよく昆虫牧場と言っています。それぞれの家で虫を飼ったらいいと思うんです。そうすれば、虫に対する偏見もなくなるし。コオロギとかはナスのへたとかやっておけばいいんですもんね。鳴き声もきれいだから、鳴き声も味わって、なおかつ食べられると。一石二鳥でいいってよく言うんですけど。あとゴキブリは野菜クズなんかを全部食べてくれますから、エコサイクルにも一役。

奥本　昆虫食に関しては、材料を大量に集めることが、まずひとつの難関でしょうね。

内山　そうですね。大勢が飢えずに食うだけの量を集めるというのは、なかなか大変です。だから食料として考えると、採取よりも飼育がいいと思うんです。

奥本　たとえば人間が死んだら焼かずにウジ虫に食わせて、そのウジ虫を食えば循環しますよね。宇宙に長期間行くんだったら、そのあたりも重要になってきますね、きっと。

しかし、考えてみると、逆に昆虫食は人に言わないほうがいいかもしれないですね。おいしいものは隠れて自分だけで食べる。だって、みんなが取りだしたら、すぐなくなってしまうからね。ひと頃、日本食を世界に広めようなんて、刺身とか寿司とか言ってたけど、あんなことするから、マグロが少なくなって大変なことになってるでしょう。

内山　それはそうですね。とくにセミなんて宣伝すると、けっこういけるかもしれません。

奥本　だから、大手の食品会社の技術者がやれば、きっとおいしいのが作れるんじゃないかと思うんですよ。

内山　みんながセミ取ったら困りますよ（笑）。おいしいものはひとりでこっそり。でも、昆虫でそういう時代がくるとは思えないですけど（笑）。

奥本　いや〜、何が起るか分からないですよ。用心したほうがいいんで。この際バッタのハンバーグの話くらいでやめておいたほうがいいんじゃないですかね（笑）。

（2008年3月8日収録）

中華・韓国・エスニック

世界の味を食す

中・韓・エスニック料理・中華

サクサンシューマイのカマキリちらし

サクサン、カマキリ

つくりやすさ ★★

おいしさ ★★★

たべやすさ ★★★★

入手しやすさ ★★

中国で親しまれているサクサンだけに中華には相性抜群です。独特の風味は食べ慣れればやみつきになること間違いなしです。アクセントにカマキリベビーを飾っています。

材料（4人分）

サクサン（さなぎ）……20頭
カマキリ（幼虫）……大さじ1
シューマイの皮（市販）……20枚
たけのこ（ゆで）……60g
干ししいたけ……3枚
玉ねぎ……1／2個
白菜……2枚
揚げ油……適量
サラダ油……少々
具の調味料
紹興酒……大さじ1
甜麺醤（テンメンジャン）……小さじ1
しょうゆ……大さじ1
砂糖……大さじ1
オイスターソース……小さじ1
タレ
酢、しょうゆ、練りがらし……各適量

①サクサンは1分ほど下ゆでし、殻をむいて身を出し、よくほぐしておく。
②白菜はさっとゆで、みじん切りにし、ふきんで水気をきる。
③干ししいたけは水でもどし、石づきと軸を切り取ってみじん切りにする。
④玉ねぎ、たけのこはみじん切りにする。
⑤①のサクサンに具の調味料を入れて混ぜ、②③④の野菜も加えてよく混ぜる。
⑥具を20等分し、皮に包む。
⑦蒸し器の底にサラダ油を薄くぬり、シューマイをならべ、強火で10分蒸す。
⑧カマキリは170度で30秒ほど素揚げする。
⑨器に盛り、中央にカマキリをちらし、酢、しょうゆ、練りがらしを添える。

昆虫八宝菜

スズメバチ、タイワンツチイナゴ

つくりやすさ ★★★

おいしさ ★★★★★

たべやすさ ★★★★

入手しやすさ ★★

スズメバチのクリーミーでほんのり甘い幼虫や若いさなぎ、シコシコして旨味あふれる成虫間近なさなぎ。オイスターソースをからめて炒めたタイワンツチイナゴのサクサク感も楽しめる一品。野菜たっぷりなヘルシー中華の定番です。

材料（4人分）

スズメバチ（幼虫、さなぎ）…… 100g
タイワンツチイナゴ …… 8匹
生しいたけ …… 4枚
ゆでたけのこ …… 50g
白菜 …… 4枚
にんじん …… 1／3本
絹さや …… 8枚
長ねぎ …… 1／2本
しょうが …… 2片
サラダ油 …… 大さじ1
ごま油 …… 小さじ1
オイスターソース …… 大さじ1

Ⓐ（合わせ調味料）
しょうゆ …… 大さじ1／2
オイスターソース …… 大さじ1
砂糖 …… 少々
酒 …… 大さじ1
塩 …… 小さじ1／4
鶏がらスープの素 …… 小さじ1
湯 …… 2カップ
Ⓑ（水溶き片栗粉）
片栗粉 …… 大さじ2
水 …… 大さじ4

①野菜を切る。
白菜…1枚1枚取り外し、縦半分に切り、茎は薄くそぎ切りし、葉は4㎝角に切る。
ゆでたけのこ…4㎝の短冊切り。
長ねぎ・にんじん…4㎝長さのせん切り。
生しいたけ…石づきを取ってそぎ切り。
しょうが…みじん切り。
絹さや…筋を取って塩を入れた湯でさっとゆで、半分に切る。
②カップにⒶの合わせ調味料を混ぜておく。
③カップに水溶き片栗粉を混ぜておく。
④タイワンツチイナゴは、フライパンでオイスターソースをからめ、カリッと炒めて取り出す。
⑤フライパンを熱し、サラダ油大さじ1を入れ、長ねぎとしょうがを炒める。
⑥白菜、生しいたけ、にんじん、たけのこを入れて強火で炒め、スズメバチ、絹さやを入れて混ぜる。
⑦Ⓐの合わせ調味料を加え、1~2分煮立てる。
⑧ごま油小さじ1を加え、Ⓑの水溶き片栗粉を回し入れ、手早くかき混ぜて、平均にとろみをつける。
⑨器に盛り、タイワンツチイナゴ2匹を添える。

中・韓・エスニック料理・中華

かに玉風コオロギの甘酢あんかけ

コオロギ（ハウスクリケット）

つくりやすさ ★★★

おいしさ ★★★★★

たべやすさ ★★★★

入手しやすさ ★★★

ハウスクリケットはコオロギのなかでもやわらかく色も淡いのであんかけによく合います。ふわふわ卵にちょっとした食感のアクセントが新鮮です。

材料（4人分）

ハウスクリケット……40匹
かにかまぼこ……4本
卵……4個
長ねぎ……1／2本
たけのこ（ゆで）……60g
グリーンピース（冷凍）……大さじ1
酒……小さじ1
塩・こしょう……少々
サラダ油……大さじ4
酢……小さじ2
しょうが汁……少量
甘酢あん
　砂糖……大さじ2
　しょうゆ……大さじ2
　酢……大さじ2
　酒……大さじ1
　顆粒スープ……小さじ1
　湯……1カップ
水溶き片栗粉
　片栗粉……大さじ2
　水……大さじ2

①かにかまぼこはほぐす。長ねぎは斜め小口切り、たけのこは3～4㎜幅の細切りにする。グリーンピースは熱湯をかけてもどす。

②ハウスクリケットは熱したフライパンに大さじ1の油で1分ほど炒め、軽く塩・こしょうする。

③ボウルに卵を割りほぐし、塩・こしょう、酒を入れて混ぜ、①のカニかまぼこ、長ねぎ、たけのこを加え、②のハウスクリケット半量を混ぜ合わせる。

④甘酢あんと水溶き片栗粉をそれぞれカップに作っておく。

⑤深めのフライパン（または中華鍋）にサラダ油大さじ2を強火で熱し、③の卵液を一気に流し入れ、へらで大きく混ぜ、フライパンを揺すりながら半熟になるまで焼く。

⑥裏に少し焼き色がついたら、へらを使ってひっくり返し、弱火にして形を整え、下にも同じように焼き色をつけたら器に盛る。

⑦小鍋に④の甘酢あんの材料を入れ、中火にかけ、煮立ったら酢、しょうが汁を加え、④の水溶き片栗粉を入れ、とろみがついたら⑥にかける。
⑧②のハウスクリケット半量と①のグリーンピースをちらす。

中・韓・エスニック料理・中華

セミ幼虫の甘酢あんかけ

セミ

つくりやすさ ★★★

おいしさ ★★★★★

たべやすさ ★★★★★

入手しやすさ ★★

とろりとした甘酢あんにからまるセミ幼虫のシコシコした歯触りが食欲をそそります。虫はちょっとという人でも普通においしく食べられる一品。これはおすすめです。

材料（4人分）

セミ（幼虫）……20匹
下味
　酒……大さじ1
　しょうゆ……大さじ1
片栗粉……大さじ3
玉ねぎ……1個
しいたけ……4枚
にんじん……1／2本
ピーマン（緑、赤）……各1個
にんにく……1片
揚げ油……適量
合わせ調味料
　トマトケチャップ……大さじ3
砂糖……大さじ3
酢……大さじ3　酒……小さじ1
しょうゆ……小さじ1
スープ……1／2カップ
塩…少々　ごま油……少々
片栗粉……大さじ1

①玉ねぎは2㎝角に切り、しいたけは石づきを取っていちょう切り。にんじんは皮をむいて乱切りにしてレンジに1分ほどかける。ピーマンは乱切り。
②セミはざるに入れ熱湯を回しかけ、水分をきり、楊枝で数カ所刺し、下味用の酒としょうゆにからめる。
③ビニール袋に片栗粉を入れ、②の水気をよくきったセミを入れてふり混ぜる。
④揚げ油を170度に熱し、③のセミを約1～2分、カリッとした色になるまで揚げる。
⑤フライパンでつぶしたニンニクを炒める。
⑥玉ねぎを炒め、ピーマン、ニンジン、しいたけを炒め合わせる。
⑦合わせ調味料を入れて1～2分煮立てる。倍量の水で溶いた片栗粉を少しずつ加え、手早く混ぜる。
⑧揚げたてのセミを加えて混ぜ、あんをからめる。

中・韓・エスニック料理・中華

イナゴと豆腐の焼き餃子

イナゴ

つくりやすさ ★★★
おいしさ ★★★
たべやすさ ★★★★★
入手しやすさ ★★

イナゴと豆腐で作ったヘルシー餃子です。イナゴはクセがなくしかも粉末なので虫がダメというあなたも安心して食べていただけます。健康的にダイエットしたい人に一押しのメニューです。

材料（4人分）

イナゴ（粉末）……大さじ2
餃子の皮……1袋
もめん豆腐……1丁
キャベツ……8枚
にら……1／3束
長ねぎ……1／2本
サラダ油……大さじ1
合わせ調味料
　しょうゆ……小さじ2
　すりおろししょうが……小さじ2
　すりおろしにんにく……小さじ2
　紹興酒……大さじ1
　塩・こしょう……少々
　ごま油……大さじ1／2
タレ
　しょうゆ、酢、ラー油……各適量

①にら、長ねぎ、キャベツはみじん切りにし、よく水気をきる。
②もめん豆腐は水気をきってペーパータオルの上にくずしてのせ、耐熱容器に入れ、500Wの電子レンジで2分加熱して水分を取る。
③ボウルに①の野菜、②の豆腐、イナゴ粉末、合わせ調味料を入れ、良く混ぜ合わせ具を作る。
④1つずつスプーンですくって皮の中央におく。
⑤皮の端に水を指先で付けて包む。
⑥フライパンにサラダ油大さじ1を入れて強火で熱し、餃子を並べる。
⑦大さじ2~3の熱湯を入れ、ふたをして弱火で5分ほど蒸し焼きにする。
⑧ふたを取り、中火で水分がなくなり焼き色がつくまで焼く。
⑨焼き色を上にして器に盛り、タレを添える。

中・韓・エスニック料理・中華

虫菜飯《サクサン》

つくりやすさ★★★★

おいしさ★★★★

たべやすさ★★★★

入手しやすさ★★

見た目も鮮やかなチンゲンサイの青とシャキシャキ感、アツアツご飯にごま油の香りがたまらない一品。サクサンのひなびた味がベースになっています。

材料（4人分）

米……2合
サクサン（さなぎ）……20匹
チンゲンサイ……2株
酒……小さじ1／2
塩……小さじ1／2
ごま油……小さじ1
サラダ油……大さじ1

①米は30分前にとぎ、炊飯器で炊く。
②サクサンは1分ほど下ゆでし、殻をむいて身を出し、よくほぐす。
③チンゲンサイは、よく洗い、細かく切る。
④フライパンを熱し、サラダ油大さじ1、ごま油小さじ1を入れ、サクサンとチンゲンサイを入れて炒め、酒小さじ1／2を加え、塩で味を調える。
⑤ご飯が炊けたら、サクサン、チンゲンサイ、塩少々を加え、よく混ぜ、10分ほど蒸らす。

中・韓・エスニック料理・中華

腐乳漬けカイコの中華かゆ

カイコ

つくりやすさ ★★

おいしさ ★★★★

たべやすさ ★★

入手しやすさ ★★

腐乳に漬け込んだカイコさなぎ

豆腐乳の濃厚な味と香りがカイコさなぎ独特の風味をマイルドにしてくれます。紅麹を使って作った紅腐乳がオススメ。見た目もきれいでおいしいおかゆになります。

材料（4人分）

カイコさなぎ……大さじ2
紅腐乳……大さじ2
米……1カップ
水……10カップ
塩……少々
サラダ油……小さじ1
松の実……適宜
香菜（シャンツァイ）……適宜

【カイコさなぎの腐乳漬け】

①カイコさなぎは3分ほどゆで、ざるに取ってよく水気をきる。
②紅腐乳をつぶして①のカイコさなぎを混ぜ約1週間漬け込む。

【中華かゆ】

①米はよくとぎ、1時間水に浸し、ざるにあげる。
②松の実は細かく刻み、香菜は1㎝長さに切る。
③①の米を鍋に入れ、サラダ油を混ぜ、水カップ10を加え、ふたをしないで炊く。
④炊きあがったら、塩で軽く味付けし、火をとめる。
⑤②の松の実をフライパンで香ばしくいる。
⑥④のおかゆを器に盛り、腐乳漬けカイコさなぎ、松の実、香菜を添える。

中・韓・エスニック料理・中華

ジャイミルのゴーヤーチャーハン

ジャイアントミールワーム

つくりやすさ ★★★★

おいしさ ★★★★

たべやすさ ★★★

入手しやすさ ★★★

ぱらぱらに炒めたご飯にジャイミルのサクサク感とゴーヤーの苦みがとてもマッチします。休みの日のお昼など手軽にできて、ちょっと目先の変わったチャーハンはいかがでしょうか。

材料（4人分）

ジャイアントミールワーム……40匹
ご飯……茶碗4杯分
卵……3個
長ねぎ……1／2本
ゴーヤー……1本
ゆでたけのこ……100g
サラダ油……大さじ5
塩……小さじ1
しょうゆ……大さじ1
酒……大さじ1
こしょう……少々
ごま油……小さじ1
ガーリックパウダー……少々

①ご飯は温めておく。
②長ねぎ、ゴーヤー、ゆでたけのこは粗みじんに切る。
③ジャイアントミールワームはフライパンでサラダ油大さじ1を熱し1分ほど炒める。
④ボウルに卵を入れ、塩少々を加えて溶きほぐす。
⑤ボウルに①のご飯を入れほぐしておく。
⑥フライパン（または中華鍋）にサラダ油大さじ2を強火で熱し、④の卵を一気に入れて大きく混ぜ、卵が固まらないうちに⑤のご飯を入れてすばやくかき混ぜる。
⑦フライパンを前後に動かしご飯を回転させ、②を加えへらで押しつけながらご飯がぱらぱらになるまで炒める。
⑧③のジャイアントミールワームを加え、塩・こしょう、酒、ガーリックパウダーで味を調え、しょうゆとごま油を鍋肌から回し入れてよく混ぜる。

中・韓・エスニック料理・中華

アリの子とカイコの中華まん

ツムギアリ、カイコ

つくりやすさ ★★

おいしさ ★★★

たべやすさ ★★★

入手しやすさ ★★

ツムギアリのプチプチした歯触りとカイコさなぎのシコシコ感が絶妙のコンビネーションです。ヘルシー素材の中華まんをあつあつでいただきましょう。

材料（8個分）

生地

強力粉……150g

薄力粉……150g

ぬるま湯（35度）……1カップ

砂糖……大さじ1

ドライイースト……小さじ2

ベーキングパウダー……小さじ1

ラード……大さじ1／2

あん

ツムギアリ（幼虫とさなぎ）……80g

カイコ（さなぎ）……80g

玉ねぎ……1／2個

白菜……2枚

ゆでたけのこ……30g

干ししいたけ……2枚

しょうが……1片

砂糖……小さじ1

酒……小さじ1

しょうゆ……小さじ1

ごま油……小さじ1

①ボウルで薄力粉と強力粉をふるい合わせ、その他の生地の材料も加えて混ぜ、よくこねて丸める。

②①の生地を夏場は室温で、冬場は35度の湯せんに30分ほどかけて発酵させる。

③8等分し、打ち粉をふり、麺棒で1個ずつ直径10㎝ぐらいの円形に伸ばす。

【あんを作る】

④水でもどし石づきを取ったしいたけ、さっとゆでた白菜、たけのこ、玉ねぎ、しょうがをみじん切りにする。野菜は切ったら水気をきること。とくに白菜はしっかり絞る。

⑤④とツムギアリ、カイコをよく混ぜて、8等分する。

【包んで蒸す】

⑥③の生地にあんをのせて包む。

⑦10㎝角に切ったクッキングシートに⑥をのせ、蒸し器に入れる。

⑧⑦を強火で約15分蒸す。

中・韓・エスニック料理・中華

ツムギアリの杏仁豆腐

ツムギアリ

つくりやすさ ★★★★

おいしさ ★★★★

たべやすさ ★★★★

入手しやすさ ★★

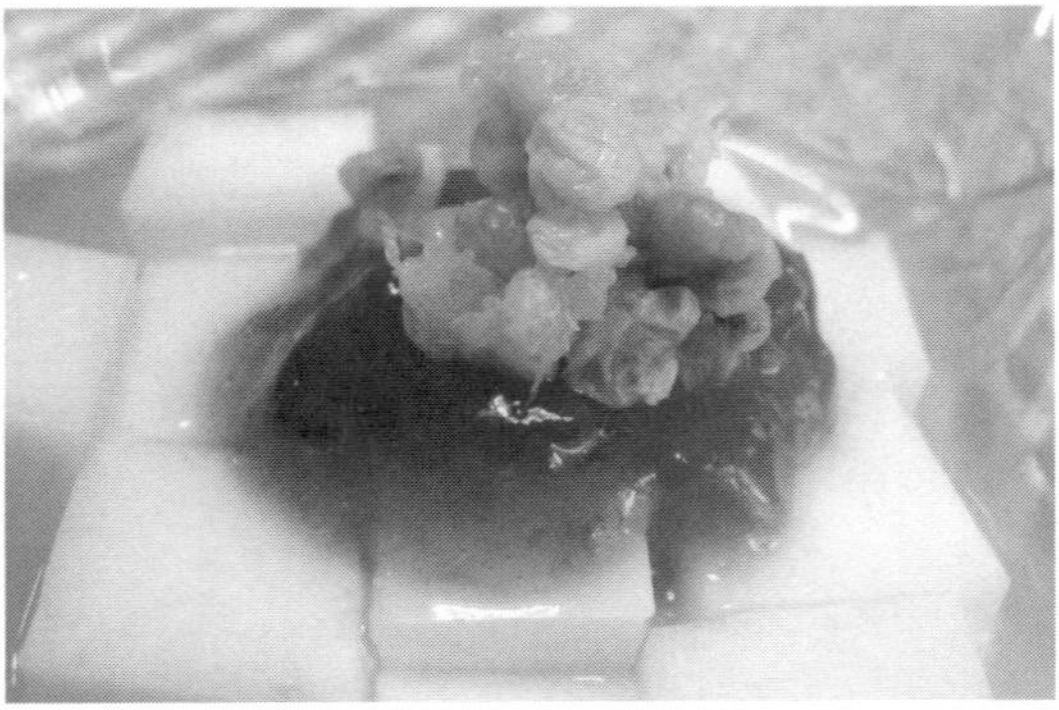

中華の食後はやっぱり杏仁豆腐。でも作る手間がちょっと、という人にオススメです。市販されている杏仁豆腐の素を使った超簡単メニューです。

材料（4人分）

ツムギアリ……50g
あんずジャム……50g
杏仁豆腐の素（市販）……75g
シロップの素（市販）……40g
牛乳……1カップ
熱湯……1＋1／2カップ

①ボウルに熱湯と杏仁豆腐の素を入れ、1分間攪拌する。
②牛乳を加えて混ぜ、冷蔵庫で約2時間固める。
③ツムギアリをゆで、ざるにあけて水気をきり、ジャムと混ぜ、冷蔵庫で冷やす。
④冷えた杏仁豆腐を切って器に盛る。
⑤シロップ40gを水160ccで薄めて冷やし、杏仁豆腐にかける。
⑥ツムギアリを混ぜたジャムを添える。

（注）このレシピは一例です。メーカーによって違うのでパッケージの説明を参照のこと。

中・韓・エスニック料理・韓国

ポンテギチヂミ

カイコ

つくりやすさ ★★★

おいしさ ★★★

たべやすさ ★★★★

入手しやすさ ★★★

ワームも混ぜてにぎやかに！

ポンテギの缶詰は日本でも韓国食品ストアなどで購入できる

ポンテギはカイコさなぎの韓国の呼び名。カイコさなぎは韓国でよく食べられ、缶詰などスーパーでも売られています。そんな韓国ではポピュラーな虫をチヂミの具に混ぜ込んでパリッと焼いてみました。香ばしさとにらの香りも楽しめます。あつあつの焼きたてをどうぞ。

材料（4人分）

チヂミ粉（市販）……150g
粉に混ぜる材料
カイコ（さなぎ）……80g
水……1カップ
卵……2個
にんにく……1片
赤とうがらし……2本
長ねぎ……10cm
塩……少々
にら……1束
にんじん……1／2本
ごま油……大さじ4
タレ……しょうゆ、酢、ごま油、コチュジャン、ごま、刻みねぎなど。

①カイコは1分ほど下ゆでする。
②にんにく、赤とうがらし、長ねぎはみじん切りする。
③チヂミ粉に混ぜる材料を合わせてなめらかにし、約30分ねかす。
④にらは5cm長さ、にんじんはせん切りにし、③に軽く混ぜる。
⑤フライパンにごま油大さじ2を熱し、③の生地の1／2量を流し入れて平らにして中火で焼く。
⑥表面がきつね色になったら裏返して焼く。同様にもう1枚焼く。
⑦四角に切って器に盛り、好みのタレでいただく。

中・韓・エスニック料理・韓国

アリとハチとサクサンのチゲ

スズメバチ、ツムギアリ、サクサン

つくりやすさ ★★★

おいしさ ★★★★★

たべやすさ ★★★★

入手しやすさ ★★

余ったキムチがあったらこれが韓国の定番メニュー。スズメバチとツムギアリとサクサンの旨味がいっそう引き立つキムチチゲをどうぞ召し上がれ。

材料（4人分）

スズメバチ（幼虫、さなぎ）……80g
ツムギアリ（幼虫、さなぎ）……80g
サクサン（さなぎ）……80g
白菜キムチ……200g
豆腐……2丁
長ねぎ……1本
春菊……1束
しし唐……8本
えのきだけ……半束
とうがらし粉……小さじ1
みそ……大さじ1
ごま油……大さじ2
いりごま……適量
しょうゆ……大さじ1
水……6カップ

①スズメバチ、ツムギアリ、サクサンはざるに入れてさっと湯通しする。
②豆腐は1丁を8つに切る。白菜キムチは4㎝長さに切る。長ねぎは斜めに切る。春菊とえのきだけは根元を除いて4㎝ぐらいに切る。
③熱した鍋にごま油大さじ2を回し入れ、スズメバチ、ツムギアリ、サクサンを炒め、白菜キムチを加えて炒める。
④③の鍋に水を加えて強火で煮る。煮立ったらキムチの汁、豆腐、長ねぎ、しし唐、えのきだけ、とうがらし粉、みそを入れ、弱火で15分ほど煮る。
⑤春菊を加え、しょうゆで味を調え、ひと煮立ちしたら、いりごまをちらす。

中・韓・エスニック料理・韓国

虫のキムチ漬け

カイコ、サクサン、ツムギアリ、スズメバチ、タイワンタガメ

つくりやすさ ★★★★★
おいしさ ★★★
たべやすさ ★★
入手しやすさ ★★

約1週間ほどで食べられます。5種類の虫が混じり合った不思議な味です。虫の種類によって発酵の進み方も違うので、時間の経過とともに味も微妙に違ってきます。

材料（4人分）

カイコ（さなぎ）……50g
ツムギアリ（幼虫、さなぎ）……50g
スズメバチ（幼虫、さなぎ）……50g
サクサン（さなぎ）……50g
タイワンタガメ……2頭
白菜キムチ……500g

①虫各種を1分ほどさっと下ゆでする。
②サクサン、タイワンタガメは殻をむいて身をほぐす。
③白菜キムチの葉をしいて虫を置き、葉を重ねてを繰り返す。
④容器に入れて冷暗所に保存し、発酵をうながす。

中・韓・エスニック料理・韓国

ポンテギのピリ辛田楽

カイコ

つくりやすさ ★★★★
おいしさ ★★★
たべやすさ ★★★
入手しやすさ ★★★

キムチに韓国でよく知られるポンテギをあしらった韓国風田楽です。ぴりっとした辛さがカイコさなぎのクセのあるにおいをマイルドにし、ちょっと苦手かも、という人にも食べやすくなっています。

材料（4人分）

カイコ（さなぎ）…… 40ｇ
もめん豆腐 …… 1丁
白菜キムチ …… 120ｇ
万能ねぎ …… 40ｇ
合わせ調味料
みそ …… 大さじ1
しょうが汁 …… 少々
みりん …… 大さじ1
酒 …… 大さじ1

①カイコは1分ほど下ゆでし、よく水気をきる。
②豆腐は水分を取り、厚さを半分に切ってさらに二等分する。
③キムチは粗みじんに切り、万能ねぎは小口切りにする。
④①と③と合わせ調味料を混ぜる。
⑤豆腐を200度のオーブンで7～8分焼き、④をのせる。

中・韓・エスニック料理・エスニック（タイ）

アリのトムヤム

ツムギアリ

つくりやすさ ★★★★

おいしさ ★★★★

たべやすさ ★★★★★

入手しやすさ ★★

代表的なタイ料理といえばトムヤムクンというエビ入りスープですが、エビのかわりにツムギアリを入れたスープです。ツムギアリはタイではよく知られた食材ですからタイ料理にぴったりです。

材料（4人分）

ツムギアリ（幼虫、さなぎ）…… 100g
玉ねぎ …… 1個
しょうが …… 1片
マッシュルーム …… 100g
赤とうがらし …… 2本
固形スープ（チキン）…… 1個
水 …… 3カップ
パクチー（香菜）…… 適量
合わせ調味料
ナンプラー（魚醬）…… 大さじ2
レモン汁 …… 大さじ4
レモングラス …… 適量

①ツムギアリをさっと湯通しする。
②玉ねぎ、しょうが、マッシュルームは薄切りにする。パクチーは1㎝ぐらいに切る。レモングラスは粗く刻む。赤とうがらしは輪切りにする。
③鍋に水と固形スープを入れて火にかけ、②の玉ねぎ、しょうが、マッシュルーム、赤とうがらしを入れ、ひと煮立ちさせる。
④③に①のツムギアリを入れて中火で5分ほど煮る。
⑤④に合わせ調味料を加え、パクチーをちらす。

中・韓・エスニック料理・エスニック（タイ）

スズメバチとタガメのタマリンド風味カレー

スズメバチ、タイワンタガメ

つくりやすさ ★★★

おいしさ ★★★★★

たべやすさ ★★★★

入手しやすさ ★★

昆虫食の本場タイでもよく調味料として使われるタマリンドの甘酸っぱさと、タガメチリペーストのフルーティーな香りと辛さ。エスニックな味と香りを醸し出すタイ風カレーです。

材料（4人分）

スズメバチ（幼虫、さなぎ）…… 100g
タマリンド（固形）…… 30g
ほうれんそう …… 1束
カリフラワー …… 1／2株
ゆでたけのこ …… 小1本
ナンプラー（魚醤）…… 大さじ3
砂糖 …… 大さじ1
酒 …… 少々
カレーペースト
　タガメチリペースト（市販）…… 大さじ2
　エシャロット …… 3個
　カピ（蝦醤）（なければアンチョビでも可）…… 大さじ1

①エシャロットはすりおろし、タガメチリペースト、カピと混ぜる。
②ほうれんそうはざく切り、カリフラワー、たけのこは一口大に切る。
③鍋にスズメバチ、酒、水4カップを入れて強火でひと煮立ちさせる。
④煮立ったら中火にして、カリフラワー、たけのこ、カレーペースト、ナンプラー、砂糖を入れ、タマリンドをこし器で溶き入れ、10分ぐらい煮込む。
⑤最後にほうれんそうを入れてひと煮立ちさせる。

中・韓・エスニック料理・エスニック（ベトナム）

タイワンツチイナゴの生春巻き

タイワンツチイナゴ

つくりやすさ ★★★

おいしさ ★★★★

たべやすさ ★★

入手しやすさ ★★

ベトナムといえば生春巻き。透けて見えるタイワンツチイナゴがかわいいですね。ワイルドにバリバリいただきましょう。

材料（4人分）

タイワンツチイナゴ（市販）……12匹
ライスペーパー……12枚
春雨（細め）……50g
レタス……6枚
にら（好みで万能ねぎ）……6本
サラダ油……小さじ2
タレ
　ピーナッツみそ……適量
　ヌクマム（魚醬、ナンプラーでも可）……適量

①春雨は、熱湯でもどし、ざるにあけ、適当な長さに切る。
②にらは10㎝長さに切る。レタスは細切りにする。
③フライパンにサラダ油を熱し、タイワンツチイナゴを中火でカリッと炒める。
④ライスペーパーは、水を張ったボウルなどにくぐらせてもどす。
⑤④のライスペーパーに、レタス、春雨、タイワンツチイナゴをのせて巻き、途中でにらを巻き込む。
⑥器に盛り、ピーナッツみそとヌクマムを添える。

中・韓・エスニック料理・
エスニック（インド）

サクサンサモサ

サクサン

つくりやすさ　★★

おいしさ　★★★★★

たべやすさ　★★★★★

入手しやすさ　★★

写真とレシピ：WEBサイト「珍獣の館」ららさん提供

インド料理サモサをアレンジ、サクサンを具に包んでカリッと揚げてみました。揚げたてのあつあつをスナック感覚で召し上がれ。

材料（4人（16個）分）

サクサン（さなぎ）……20匹
餃子の皮……16枚
じゃがいも……3個
玉ねぎ……1個
モロヘイヤ……1／2袋
調味料
　カレー粉……小さじ1
　クミン粉……少々
　塩・こしょう……少々
揚げ油……大さじ1

①じゃがいもは皮をむいて乱切りにしてゆで、やわらかくなったら汁を捨て、さらに加熱し水分をとばしてつぶす。電子レンジで加熱すると簡単。一口大に切り、皿に並べ、ラップして700Wで4〜5分加熱する。

②玉ねぎはみじん切りにし、モロヘイヤはゆでて粗みじんに切る。

③サクサンは3分ほどゆでて表面の水気をきり、殻をむいて身をほぐす。このとき出る旨味のある汁は捨てずに取っておく。

④ボウルに①のじゃがいも、②の野菜、③のサクサンの身と汁を入れ、調味料を加えて混ぜる。

⑤④の具を餃子の皮にのせ、皮の周囲に水をつけて、半分に折って閉じる。餃子のようにひだをよせない。

⑥鍋に揚げ油を170度に熱し、⑤を揚げる。

⑦⑥の表面が色づきカリッとしたら、油をきり、器に盛る。

中・韓・エスニック料理・エスニック（メキシコ）

バグミックスタコス

イナゴ、カイコ、タイワンタガメ、ツムギアリ、アルゼンチンモリゴキブリ

つくりやすさ ★★
おいしさ ★★★★
たべやすさ ★★★
入手しやすさ ★

多彩な顔ぶれをそろえた超豪華版タコスです。ホームパーティーなど気軽な集いにもってこいの楽しいメニュー。食べると中南米の陽気なリズムが聞こえてきそうです。

材料（12枚分）

トルティーヤ（皮）
イナゴ粉……大さじ1
カイコさなぎ粉……大さじ1
タガメチリペースト（市販）……大さじ1
コーンフラワー……100g
強力粉……100g
オリーブ油……大さじ1
水……150cc
塩……少々

サルサ（ソース）
ツムギアリ（幼虫、さなぎ）……100g
玉ねぎ……1／4個
トマト……3個
青とうがらし……1本
コリアンダー（香菜）……1本
塩・こしょう……小さじ1

タコス（具）
アルゼンチンモリゴキブリ……24匹
アボカド……1個
玉ねぎ……1／2個
レモン……1／2個
レタス……1／2個
トマト……2個
サラダ油……適量
塩・こしょう……小さじ1

【トルティーヤ】

①ボウルにコーンフラワー、塩、オリーブ油、水を入れ、かき混ぜる。

②生地を3等分（A、B、C）し、それぞれに違うものを入れて混ぜる。

A＝イナゴ粉、B＝カイコさなぎ粉、C＝タガメチリペースト

③それぞれを4等分し、麺棒などで薄く伸ばす。

④フライパンに油をひかずに、焦げ目がつくまで焼く。

【サルサ】

①ツムギアリは3分ほどゆでる。

②野菜はざく切りし、ミキサーに入れてよく混ぜる。

③①②を混ぜ、塩・こしょうで味を調える。

【タコス】

①鍋にサラダ油を170度に熱し、アルゼンチンモリゴキブリをカラリと揚げ、塩・こしょうする。

②玉ねぎはくし形切りにし、フライパンにサラダ油を熱し、しんなりするまで炒め、塩・こしょうする。

③レタスは小さめにちぎり、トマトとアボカドは薄切り、レモンは半月切りにする。

【食べ方】

トルティーヤにタコスの具をのせ、サルサをかけ、包んで食べる。

昆虫の栄養価

「虫なんか食べてなんの栄養があるの?」と、気になるのが虫の栄養価です。ここで注意すべきは、そのメリットです。

たとえば牛や豚などの動物が自らの身体を維持するために、身体全体（筋肉、脂肪、骨、内臓など）に栄養を分散させています。それをくまなく摂取するのには1頭すべて食べなくてはなりませんが、体重数百kgにもなる牛をまるまる1頭食べ尽くすのは、事実上無理です。

ところが、昆虫の場合、1匹のなかにすべてがあるので、虫が蓄えている必須栄養素を丸ごと摂取することができるわけです。つまり同じ量の肉を食べるなら、その分の昆虫を食べたほうが栄養価のバランスは取れているということがいえるのです。

昆虫にはタンパク質、脂肪、炭水化物、ビタミン、ミネラルが含まれ、またアミノ酸バランスも良好です。ただし種類によって食性や発育ステージが異なるので、含有量には違いがあります。そこで元飯田女子短大の片桐充昭氏らによる研究結果を紹介します。

食用昆虫の栄養学的特性1　スズメバチ幼虫・トビケラ幼虫

【目的】

長野県の伊那、木曽、佐久地域には、古くから昆虫を食べる文化（昆虫食文化）が根付いている。（中略）本研究では、食材としてのスズメバチの幼虫（ハチの子）およびトビケラ幼虫（ザザムシ）の栄養学的特性を明らかにすることを目的とした。

【結果】

タンパク質含有量は、クロスズメバチ15・1g／100g、キイロスズメバチ22・7g／100g、トビケラ15・6g／100gで、肉類、魚介類に匹敵する含有量であった。1985（FAO／WHO／UNU）（2–5歳）パタンによると、各試料のアミノ酸スコアはほぼ100であり、良質な動物性タンパク質であることが確認できた。

脂質含有量はクロスズメバチ8・1g／100g、キイロスズメバチ3・9g／100gおよびトビケラ4・9g／100gだった。

脂肪酸組成において、2種のスズメバチ幼虫はともにパルミチン酸（C16）とオレイン酸（C18–1）が多く、トビケラ幼虫の脂肪酸には通常の食品中にはみられない未同定の脂肪酸がいくつか含まれていた。

食用昆虫の栄養学的特性2　イナゴ・蚕サナギ・カミキリ虫幼虫

【結果】

タンパク質含有量は、蚕サナギが最も高く、22・7g／100gであった。アミノ酸組成より、各試料中のタンパク質は、良質な動物性タンパク質であることが確認できた。

脂質含有量はカミキリ虫幼虫が最も高かった。

脂肪酸組成において、蚕サナギおよびイナゴはともにn－3系脂肪酸であるα－リノレン酸（C18－3）が特徴的に多く含まれていた。

一方、トビケラ幼虫にはオレイン酸（C18－1）が多く含まれていた（飯田女子短期大学・家政学科　片桐充昭氏、友竹浩之氏、久保田芳美氏らによる調査より抜粋）。

204ページに昆虫の栄養価を表にしてまとめたものを掲載しました。

タンパク質と脂肪の含有率（『昆虫食入門』平凡社新書、P152）

食材 上段：生鮮重量ベース 下段：乾燥重量ベース	水分 （%）	タンパク質 （%）	脂肪 （%）
鶏卵＊1	76.1	12.50	10.30
		51.50	43.10
カイコ蛹＊2	77.3	14.30	6.80
		63.00	30.00
イナゴ＊3	67.3	25.10	1.80
		76.80	5.50
シロアリ幼虫＊4	49.8	12.85	32.17
		25.60	64.10
コオロギ＊5	69.2	20.50	6.80
		66.60	22.10
マダガスカルゴキブリ＊6	61.6	26.90	9.80
		70.10	25.50
セミ幼虫＊7	66.5	22.60	5.90
		67.50	17.60
ミツバチ幼虫＊8	76.8	9.40	4.70
		40.50	20.30
カミキリムシ幼虫＊9	55.9	20.20	19.60
		45.80	44.40
トノサマバッタ＊10	66.3	13.70	4.30
		40.70	12.80

※データは、＊1：日本食品成分表2010、＊2：片山ら（2009）、＊3,6,7：東京農工大 三橋亮太、内山昭一（2012）、＊4：S.Itakura et al（2006）より改変、＊5：Finke（2002）、＊8：Finke（2007）、＊9,10：Bukkens（1996）

脂肪酸の種類（『昆虫食入門』平凡社新書、P155より改変）

分類		名称	多く含む昆虫	摂取できる主な食物	特性
脂肪酸	飽和	パルミチン酸	ススメバチ （クロスズメバチ、キイロスズメバチ）	ダイズ油、 ラード	コレステロールを増やす。中性脂肪を増やし、動脈硬化の原因となる。
		ステアリン酸	ー		
不飽和脂肪酸	一価（モノ）	オレイン酸 （オメガ9）	ザザムシ （トビケラ幼虫） ススメバチ （クロスズメバチ、キイロスズメバチ）	魚油、 オリーブ油、 べにばな油	血中コレステロールを減らす。酸化しにくく、がんを予防する。 熱に強い。
	多価（ポリ）	リノール酸 （オメガ6）	ー	ごま油、 ダイズ油	必須脂肪酸。コレステロールを減らす。
		α-リノレン酸 （オメガ3）	イナゴ カイコ	なたね油	必須脂肪酸。コレステロールを減らす。EPA、DHAが合成される。 熱に弱い。

昆虫の薬効

モンシロチョウからがんの薬

若林敬二（元国立がんセンター研究所副所長）らは、モンシロチョウのサナギと幼虫に含まれるタンパク質に、がん細胞を壊す働きがあることを見つけました。このタンパク質は、人間のさまざまながんにアポトーシス（細胞死）を起こすことが実験で確かめられ、細胞レベルでは一般の抗がん剤を上回る効果が認められました。

同研究所はこのタンパク質に「ピエリシン」という名前をつけました。この物質は多種類のがんに微量で効果が認められたといいます。とくに子宮、胃、大腸のがんの増殖を強く抑え、がん細胞のDNAに結合し、アポトーシスを誘発していました。

チョウのなかでは、この物質は外敵防御の役目をしているらしいのです（『「万病」虫くだし』藤田紘一郎著、廣済堂出版より転載）。

薬として使われてきた虫

中国では古くから漢方薬として昆虫は使用されてきました。そのなかでもっとも有名なのが

漢方薬として使用されてきた昆虫とその薬効

赤トンボ	咳、扁桃腺炎、百日咳
アリジゴク	
アメンボウ	高血圧、刺抜き、止痛、外用：疔毒
アリ	痔（東医宝鑑）
アブ	抗炎症作用、鎮痛、免疫増強作用、抗老化作用、B型肝炎、インポ
イナゴ	月経不順、胃ガン、肝ガン、ガンの痛み
オケラ	せき、喘息、百日咳、風邪、のどの痛み、凍瘡
カイコ	刺抜き、腎炎、利水消腫、尿路結石
カイコガのオス	リウマチ
カイコのさなぎ	インポ
白僵蚕（ビャッキョウサン）	虫下し、子供の疳の虫、糖尿病、中風
カイコの糞	肺病、中風、鎮静睡眠作用、血糖降下作用
カマキリ	中風、筋骨疼痛、四肢麻痺、止痛、閉経、崩漏
カマキリの卵	刺抜き、咽頭炎、痔、腎炎
カミキリムシ	頻尿、尿失禁、夜尿症、インポ
キリギリス	生理痛、止血、崩漏
キョウロウ（フンコロガシ等）	水腫、中耳炎、腰痛、頻尿
ゲンゴロウ	食道ガン、胃ガン、腸ガン、肝ガン、子宮頸ガン、痔、脱肛、尿路結石
コオロギ	小児の疳の虫
エンマコオロギ	水腫、腹水、利尿、子供の夜尿症、インポ
ゴキブリ	利尿、水腫
サツマゴキブリ（しゃ虫）	風邪、寝小便、活血化淤（かっけつかお）、利水、解毒、抗炎症、抗がん作用、免疫増強作用、癰（よう）
セミ	血流改善、肝炎、肝臓病、止痛、骨折、跌打損傷、抗ガン
セミの抜け殻	イボ痔
チョウ	ミミダレ、鎮静鎮痛作用、解熱、抗アレルギー、風邪、利尿、夜泣き
クロアゲハ	
キアゲハの幼虫	胃の痛み
ハエ	子供のヨダレ、胃の病気
ハエの幼虫（ウジ）	ミミダレ、歯痛
ハチ	
ミツバチの毒	神経痛、リウマチ
ミツバチの巣	鼻炎、乳腺炎
スズメバチ	止痛、丹毒、風疹、リウマチ
スズメバチの巣	飛び火、歯痛、乳汁不足、四肢・全身の麻痺、抗ガン、抗炎症作用、鎮痛作用、インポ、肝ガン、子宮頸ガン、乳腺炎、扁桃腺炎
ハチの子（幼虫）	魚の目
ハンミョウ	毒薬、利尿、肝ガン、胃ガン、食道ガン、肺ガン
マメハンミョウ	犬の噛み傷、ハゲ
ホタル	ヒョウソ、視力向上、緑内障
マゴタロウムシ（孫太郎虫）	慢性胃腸病、肺病、子供の疳の虫
ミノムシ	歯痛、皮膚の化膿性疾患

〝冬虫夏草〟ですが、実はこの冬虫夏草は、セミなど昆虫に寄生した菌類のことで、虫そのものではありません。しかし実際には虫そのものにもさまざまな薬効があると、昔からの文献にあります。

虫の薬効についての資料の収集ならびに研究を行う埼玉県朝霞市の昭和薬局・鈴木覚氏により提供いただいた資料を掲載します（206ページ）。

宇宙食として注目を集める昆虫

将来、火星への有人探査を行う場合、行き帰りでも3年の時間を要するうえ、食料としてウシやブタなどは大きいので育つのに時間がかかります。またエサとなるものが人間の食料と競合するために連れて行くことは難しい。そこで、現地で酸素や食料の自給自足を実現するに際し、一番有効なタンパク源、脂質源として昆虫が最適であると、宇宙農業サロンの山下雅道元教授らの研究チームが発表しました。

この構想では、透明な樹脂製のかまぼこ形ドームを火星の地表に作り、砂に排せつ物や生ごみから作る堆肥《たいひ》などを混ぜて土壌を作ります。そこに植物を植えて酸素を生産するとともに、クワの葉をカイコの餌とします。同時にドジョウも飼育し、これも食料に。育ったカイコは、サナギの状態で粉末にし他の食材に混ぜるなどして加工、それを食料とする……というのがその概要です。

昆虫を加えた献立

コメ、ダイズ、サツマイモ、コマツナを組み合わせた基本植物食を中核として、それで不足する栄養素をおぎなう食品を追加していくうえで、まず昆虫を宇宙農業での候補とした。宇宙農業構想では樹木の栽培をその一部に含んでいる。樹木から木材をえて居住空間を構築すれば、樹木の産生する酸素とバイオマスの組み合わせのうちバイオマスを酸化しないことにより余剰の酸素を蓄積することができる。樹木の葉は腐植として宇宙で農業土壌を合成するのに活用できるほか、昆虫の餌とすることができる。

カイコは5000年来家畜化されてきた昆虫であり、実験動物としても確立され飼育方法も含めてその特性はよく把握されている。カイコの食餌であるクワについても、カイコと同様に多くの栽培品種が作り出されてきており、1年間にわたりカイコの餌を供給することも可能である。クワ以外の植物をカイコの餌とするための方法もあり、さらに人工餌も開発されている。

カイコで食用とされてきているのは、マユを作った後で変態するサナギと成虫の蛾である。カイコの栄養成分の分析は基本的な項目についてなされているものの、ビタミン類など微量成分の分析や、調理した状態での成分分析などがまだなされていないので、モデル献立の栄養評価においては他の昆虫種で一部代替する。

カイコのサナギを煎って粉末としたうえで、宇宙農業の主要作物種であるコメ、ダイズ、サツマイモとあわせていくつかの成分と組み合わせてクッキー状に調理して官能試験を実施した。上新粉、キナ粉、サツマイモ薄片、カイコサナギ粉、食塩、豆乳を混合したうえで練り、整形してオーブンで焼いた。サナギ粉を含む組み合わせの食味がいくつかの中では優れているとの結果が得られた。そのときの配合比は上新粉200g、キナ粉50g、サツマイモ薄片50g、カイコサナギ粉5g、食塩2g、豆乳300㎖である。（山下元教授らによる発表論文から抜粋）

分量も正確に記述されているので、機会があれば、カイコクッキー（230ページ参照）を作ってみるのも面白いでしょう。

昆虫食「意識」調査

定期的に開催している試食会に参加された方々、ならびにインターネットで記入いただいたアンケートを元に、集計してみました。ここでお答えいただいているのは、無作為に実施したのではなく、基本は〝昆虫を食べる〟という行為に関心がある方にやや偏っています。それにもかかわらずユニークな意見も多くいただけたことは、とても興味深いものがあります。

味に対する意見

ハチの子

「生はかむと甘く、バターで炒めるとピーナッツの味」（40代男性）

「甘い佃煮だったせいか、ピーナッツ入りのチョコレートのよう」（20代男性）

「とろっとして白子のような味。ほとんどひとりで食べちゃいました」（20代女性）

「香ばしく、普通においしい」（30代男性）

「こってりとした味わい。グルメの対象になるのも頷ける」（20代男性）

イナゴ

「エビに似ていて抵抗はない。普通に食卓のおかずに使えると思う」（20代男性）

●昆虫を食べたことがある／ない

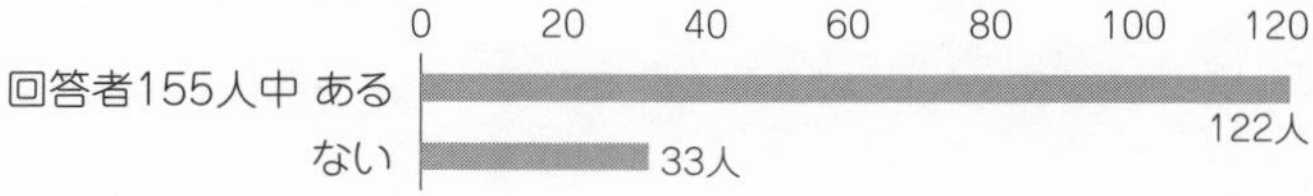

どんな昆虫を食べましたか？（多い順）

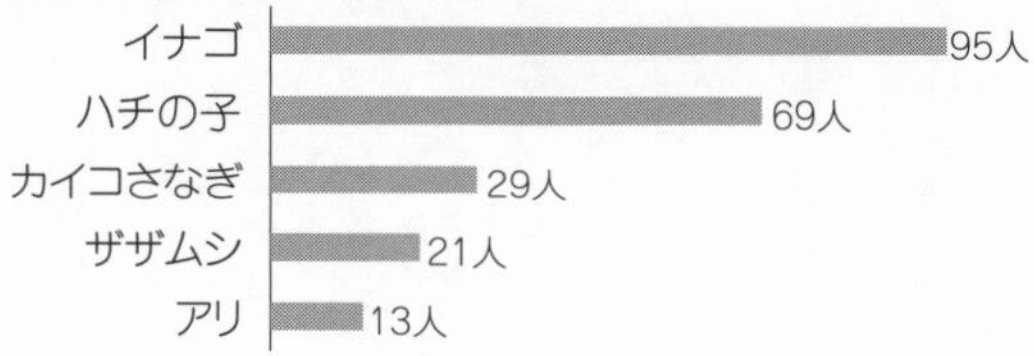

食べたことがない人に「食べてみたいですか？」

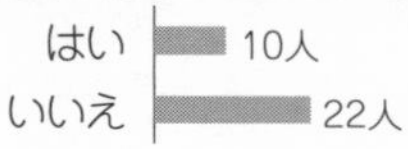

●食料難の際に食べてもよいと思う昆虫（多い順）

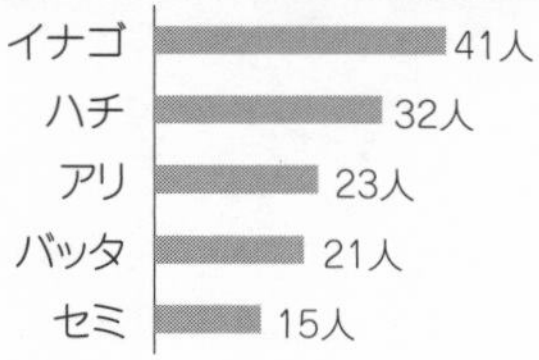

●食べたくない昆虫

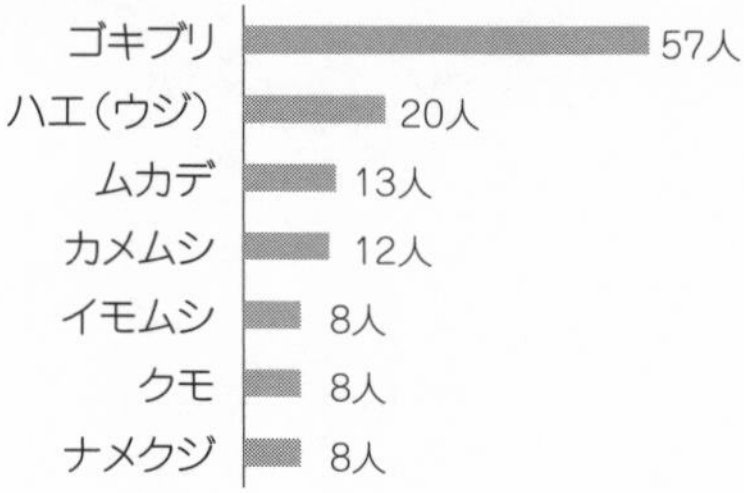

「思っていたよりなんてことはない。おいしかった」（20代男性）
「やみつきになりました」（20代女性）

ザザムシ

「まずくない。しかし肉や魚には負ける」（20代男性）

アリ

「酸っぱい」（20代女性）

カイコのさなぎ

「卵の黄身のようでした」（40代男性）
「エビのような歯触り。なかなか面白い」（20代男性）
「炒めても串焼きでも美味しい」（30代女性）

テッポウムシ

「甘ーくて、とろーとして、とうもろこしのよう」（30代女性）

タガメ

「香りがよくおいしい。タイではチリペーストに混ぜたものがあり、ご飯に合う」（50代男性）

昆虫食に対する意見

「栄養的にはよさそう。生態系をこわさなければ続いてもいいかな」（40代女性）

「エビやカニ、シャコは平気なのに、虫は気持ちが悪いという考えは理解できません」（30代女性）

「自分の食べられないものに対して偏見を持ち差別するのは寂しい。誤った動物保護と同じ考えだと思う」（20代男性）

「鯨もそうですが、その土地の食習慣は伝統文化として守るべきもの。郷に入れば郷に従えです。私は犬も猫も、ラクダも食べましたよ」（30代女性）

「最近の女性など、虫を毛嫌いし、子供にキモチワルイ・汚いと教えるのはいかがなものかと思う」（60代男性）

「形がわからなくなるまで加工すればもっと食べる人が増えるのではないでしょうか？」（20代女性）

著者が選ぶうまい＆まずい虫ランキング

ベスト10

（1）**カミキリムシ【幼虫】**：直火で甘辛いタレを塗って焼くと皮はパリパリで中身はトロリと甘い。コクがありクリーミーなバターの食感。マグロのトロの味にたとえられる。ファーブルも絶賛。

(2) **オオスズメバチ【前蛹】**：しゃぶしゃぶ風にさっとゆがいてポン酢でいただく。甘味と旨味が濃厚で、鶏肉や豆腐に似た風味。まゆを作った直後の前蛹が一番旨いとされ、「フグの白子以上」と賞賛される。

(3) **クロスズメバチ【幼虫・さなぎ】**：小粒ながら旨味が強く、甘辛く煮てご飯に混ぜると、うなぎ丼の風味。長野や岐阜、愛知の伝統食。

(4) **セミ【幼虫】**：肉厚で歯ごたえ満点。ナッツ味。燻製もオススメ。

(5) **モンクロシャチホコ【幼虫】**（通称＝サクラケムシ）：毛虫という外見からは想像できない上品な桜の葉の香りに驚かされる。旨味も濃い。フンもお湯を注ぐと桜茶の味わいを楽しめる。

(6) **タイワンタガメ**：強面に似ず優しい洋ナシの匂いがする。この匂いはオスが発するフェロモンで、果実やハーブなどに含まれる人にとってリラックス効果のある天然成分。ゆでて中身をサラダに混ぜる。

(7) **トノサマバッタ**：大きいので食べごたえがある。飛翔能力が高く、捕るのも楽しい。揚げるとピンクに染まり見た目にも食べやすい。エビ・カニに近い食感。フライ。

(8) **ツムギアリ【卵・幼虫・さなぎ】**：ほのかな酸味、はじける食感、見た目は白いご飯粒。サラダのトッピング。

(9) **イナゴ**：稲作とともに食べられてきた国民的伝統食。江戸時代には「陸《おか》エビ」と呼ばれた。小エビに似たサクサクした食感。佃煮。

(10) **コオロギ**（ヨーロッパイエコオロギ、フタホシコオロギ）：身がやわらかで淡白なイエコ、硬く締まって歯ごたえ十分なフタホシ。素揚げしてピザにちらす。

ワースト5

(1) **カブトムシ**（幼虫）――強烈な腐葉土臭

(2) **シデムシ**（幼虫、成虫とも）――死肉食

(3) **クロゴキブリ**――不衛生なイメージ

(4) **ミイデラゴミムシ**（成虫）――別名ヘッピリムシ

(5) **テントウムシ**（成虫）――体液が苦い

未来の食料として注目される昆虫食

2013年、国際連合食糧農業機関FAOが昆虫食を推奨する報告書『食用昆虫―食用及び飼料の安全保障に向けた将来の展望（Edible insects - Future prospects for food and feed security）』を出しました。以来人口問題、環境問題を解決する手段として世界中で昆虫食への関心が高まってきています。

世界の人口は2050年にはいまより約20億人以上増え、100億人に達すると予想されています。これ以上の農地拡大は、壊滅的な森林破壊につながる恐れがあります。

地球温暖化への懸念もあります。家畜の腸内発酵や糞尿によって発生するメタンガスや亜酸化窒素は、温室効果ガスの大きな要因となっているのです。

こうしたことから、地球規模の食料問題を解決する手段として昆虫が注目されています。実際にアジア、アフリカ、南アメリカを中心に20億人が2000種以上の昆虫を食べています。報告書から昆虫食のさまざまな利点を挙げてみましょう。

○環境

・昆虫には飼料変換効率が高いものが多い。牛1キロ増やすのに10キロの餌が必要だが、コオロギだと2キロですむ。
・食品残渣など廃棄物で育つので環境汚染の削減につながる。
・家畜に比べ、温室効果ガスやアンモニアの排出が少ない。
・家畜に比べ、飼育に狭い土地と少量の水しか必要としない。

○栄養

・全体的にたんぱく質、不飽和脂肪酸、ビタミンB群、食物繊維、ミネラルが豊富で、健康的な食料源とみなすことができる。

○養殖

・家畜に比べ、狭い施設で大量飼育が比較的容易にでき、成長速度も早い。とくに食習慣のある国や地域では栄養状態が改善され、販売によって現金収入にもつながる。

○飼料

・魚肉や大豆の価格高騰をうけ、良質な動物性たんぱく質であり機能性に優れた昆虫は、養殖魚や家禽の飼料として実用化が進められている。

SDGs（Sustainable Development Goals：持続可能な開発目標）に貢献する昆虫食

ＳＤＧｓ（エス・ディー・ジーズ）とは、国連加盟193カ国が2016年から2030年の15年間で達成するために掲げた17の目標です。このうち昆虫食は主に次の8つの目標に貢献できます。

目標1：貧困をなくそう

養殖事業によって雇用が生まれ収入が得られるようになる。

目標2：飢餓をゼロに

家畜に比べて環境負荷が少なく飼育効率のよいこと、高栄養食品であることで、人口増や気候変動により不足するタンパク源となり、栄養改善につながる。

目標3：すべての人に健康と福祉を

飼育が容易で栄養価も優れていることで、発展途上地域における小児や妊産婦の健康と福祉の向上に貢献できる。

目標9：産業と技術革新の基盤を作ろう

昆虫養殖が拡大し技術が向上することで持続可能な新たな産業基盤の形成が図れる。

目標10：人や国の不平等をなくそう

発展途上地域における産業化による雇用創出などにより格差の是正が図れる。

目標12：つくる責任　使う責任

水の消費の抑制や食品残渣の活用により持続可能な生産と消費のパターンへ転換できる。

目標13：気候変動に具体的な対策を

温室効果ガスの排出が少ないことで温暖化の抑制に貢献できる。

目標15：陸の豊かさを守ろう

少ない餌、狭い土地、少量の水で飼育できることで森林保全や砂漠化防止対策になる。

昆虫スイーツ

和と洋のデザート

デザート・和風

アリの子と桑グミコンポート入り寒天ゼリー

ツムギアリ

つくりやすさ ★★★★
おいしさ ★★★★
たべやすさ ★★★★★
入手しやすさ ★★★

野生化した桑の木をみかけたら、初夏にかけて真っ黒に熟した甘い実を摘み、おいしいコンポートを作りましょう。これにはアリの子がよく合います。白いアリの子の浮遊感が面白く、プチッとはじける食感もアクセントになります。清涼感あふれる一品です。

材料

ツムギアリ……20g
桑グミコンポート（自家製）……30g
粉寒天……3g
水……300cc
グラニュー糖……40g

①ツムギアリを3分ゆで、ペーパータオルで水気をきる。
②水300ccに粉寒天3gを入れて煮溶かす。
③溶けたら火をとめ、グラニュー糖40gを加えて混ぜる。
④型に桑グミをならべ、③を型に半分流す。
⑤5〜10分おき、やや固まったうえにアリの子をちらす。
⑥型いっぱいまで③の残りを流す。
⑦粗熱がとれたら冷蔵庫で冷やす。
⑧固まったらカットして器に盛る。

デザート・和風

クリムシようかん

クリシギゾウムシ

つくりやすさ ★★

おいしさ ★★★★

たべやすさ ★★★

入手しやすさ ★★

水あめにくるまれたクリムシは噛むとプチッとはぜ、モチモチした蒸しようかんのソフトな甘味に包みこまれていきます。その味わいのアンサンブルは絶妙です。

材料（4人分）

クリシギゾウムシ（幼虫）……約40匹
栗の甘露煮……16個
こしあん……500g
薄力粉……40g
片栗粉……10g
グラニュー糖……60g
水あめ…適量
栗の甘露煮の汁……大さじ4
水……大さじ4
塩……少々

①栗は半量を飾り用に半分に切り、残りは1cm角に切る。
②クリシギゾウムシをいって水あめにからめる。
③ボウルにこしあん、薄力粉（ふるう）、片栗粉を入れて、粉が見えなくなるまで、木べらでねるようにしっかり混ぜる。
④耐熱容器に、グラニュー糖、栗の甘露煮の汁、水、塩を入れ、ラップ無しでレンジに1分かける。
⑤④を熱いうちに③に加えて泡立て器でよく混ぜる。
⑥耐熱容器に移し、1cm角に切った栗を加えて混ぜ、ラップをしてレンジに3分ほどかける。取り出して木べらで混ぜる。
⑦クッキングシートをしいた耐熱の型に入れ、厚さ2・5〜3cmにして表面をならし、飾り用の栗を置く。
⑧ラップをして、レンジで2分ほど加熱する（割り箸を置いた上に型を置くと下からも熱がよく通る）。
⑨クッキングシートごと取り出し、クリシギゾウムシを飾って冷まし、好みの大きさに切る。

デザート・和風

サクラケムシ最中

サクラケムシ

つくりやすさ ★★★★

おいしさ ★★★★★

たべやすさ ★★★★★

入手しやすさ ★

パリッと噛むと最中の皮に閉じ込められたサクラの香りが鼻孔を心地よく通り過ぎていきます。

材料（4個分）

サクラケムシ（モンクロシャチホコ幼虫）
……4～5匹
サクラケムシ糞……適量
こしあん……120g
最中の皮……4セット

①糞をすり鉢でつぶして粉にする。
②サクラケムシを1分ほどゆでる。
③まな板にねかせて輪切りする。
※切り口に黄色い身が詰まって中心が赤いものを使う。
④糞粉を適量混ぜたあんを最中の皮に入れる。
⑤サクラケムシの輪切りを4～5個あんの上においてふたをする。

デザート・洋風

スズメバチのスチームケーキ

スズメバチ

つくりやすさ ★★★
おいしさ ★★★★
たべやすさ ★★★
入手しやすさ ★★

だれでも簡単においしく作れるケーキです。かわいくラッピングして友達への贈り物にもいかが。

材料（150ccプリン型5個分）

スズメバチ（幼虫、さなぎ）……50g
ハチ用調味料
　砂糖……大さじ1
　塩……少々
　サラダ油……小さじ1
牛乳……80cc
砂糖……大さじ2
卵……1個
サラダ油……大さじ1
小麦粉……200g
ベーキングパウダー……小さじ2＋1／2
バター……少々

①フライパンにサラダ油を熱し、スズメバチを1分ほど炒め、砂糖、塩で味付けする。
②ボウルに牛乳、卵、砂糖、サラダ油を入れ、泡立て器でよく混ぜる。
③小麦粉とベーキングパウダーを合わせてふるい、②に加え、①のスズメバチ半量を入れ、ゴムべらでさっくり混ぜる。
④プリン型にバターを薄くぬり、③を詰める。
⑤残りのスズメバチを表面にちらして押し込む。
⑥蒸し器に並べ、強火で約15分蒸す。
⑦竹串を刺して生地がついてこなければできあがり。型からぬいて冷ます。

デザート・洋風

ムシクッキー

イナゴ、カイコ、サクサン、タイワンタガメ

つくりやすさ
★★★

おいしさ
★★★★

たべやすさ
★★★★★

入手しやすさ
★★

クラス会などおおぜい集まるときなどに便利です。簡単に作れてだれでも食べやすく、話題作りにもってこいです。

材料（ミニサイズで120個（4種類各30個）分）

イナゴ（粉）……小さじ1
カイコ（粉）……小さじ1
サクサン（粉）……小さじ1
タガメチリペースト（市販）……小さじ1
ホットケーキミックス粉……280g
バター……80g
卵……1個
砂糖……40g

①やわらかくしたバターをボウルに入れ、砂糖を加え、クリーム状になるまでねる。
②溶いた卵を加えて混ぜ、ミックス粉を加え、切るように混ぜ込む。
③生地を4等分し、イナゴ粉、カイコ粉、サクサン粉、タガメペーストを混ぜる。
④ラップに包んで冷蔵庫で約30分ねかせる。
⑤台に打ち粉をふって、冷蔵庫から生地を取り出す。
⑥厚さ3㎜程度に麺棒で伸ばし、4種類の型ぬきをする。
⑦オーブンシートをひいた天板に並べ、180度に熱したオーブンで約12〜13分焼く。

デザート・洋風

タガメ風味のタルトレット

タイワンタガメ

つくりやすさ ★★★

おいしさ ★★★★

たべやすさ ★★★★★

入手しやすさ ★★

ハート型の虫べっこう飴（ミノムシ入り）も添えて

フルーティーなタガメを混ぜ込んだかわいいタルトはいかがですか。トッピングした果物と味と香りの協奏曲を奏でます。とてもおしゃれでかわいいスイーツです。

材料（12個分）

タガメ……1匹
タルトレット（市販）……12枚
カスタードパウダー（市販）……80g
牛乳……1カップ
いちご……適宜
キウイ……適宜
アプリコット（缶詰）……適宜

①タガメは3分ほどゆで、水気をきり、殻から身を出してよくほぐす。
②ボウルに牛乳を入れ、カスタードパウダーを加え、泡立て器で2分間ほどかき混ぜ、クリーム状にする。
③②に①を入れ、よくかき混ぜる。
④③を絞り袋に入れ、タルトレットに絞り出す。
⑤いちご、キウイ、アプリコットを適当にカットし、④に飾る。

デザート・洋風

バグチョコミックス

ジャイアントミールワーム、カイコ、コオロギ、ナナフシ、ムカデ*、ジョロウグモ*ほか

つくりやすさ ★★★
おいしさ ★★★
たべやすさ ★★
入手しやすさ ★★

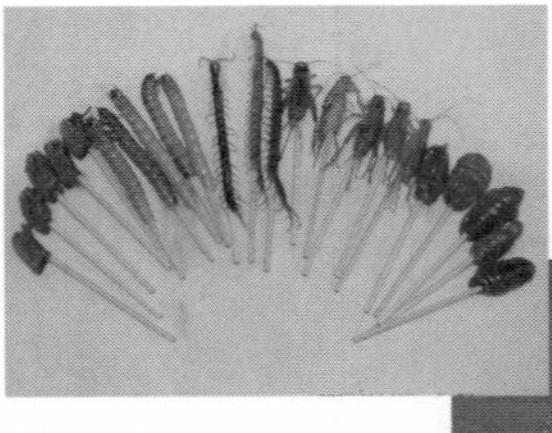

チョコレートでコーティングされた虫の形がとてもユニークです。ハート形ホイルに流してドライフルーツミックスなどちらすのもいいでしょう。

材料（4人分）

カイコ……4匹
コオロギ……4匹
ジャイアントミールワーム……4匹
ナナフシ……4匹
ムカデ……4匹
ジョロウグモ……4匹
製菓用チョコレート……適量
揚げ油……適量
楊枝……24本
※発泡スチロール

①カイコ、コオロギ、ジャイアントミールワーム、ナナフシ、ムカデ、ジョロウグモは1分ほど下ゆでし、ペーパータオルなどでよく水をきる。楊枝をお尻から頭にむけて刺す。
②①は170度に熱した油で1分ほど素揚げして油をきる。
③製菓用チョコレートは電子レンジで加熱するか湯せんで溶かす。
④②の虫に③の溶かしたチョコレートをぬり、発泡スチロールなどに刺して固まるのを待つ。
⑤チョコレートが固まったら、冷蔵庫で冷やす。

日本の昆虫食文化

日本において、かなり昔から昆虫食は行われてきた伝統があります。水田などの農耕が盛んな地域では、稲を食べる害虫であるイナゴも捕獲し食料とする行為は、米食だけでは摂取しづらいタンパク質を補うという意味で非常に合理的なものです。

海に面した地域では魚を主なタンパク源としていたため、さほど昆虫を食べる必要がありませんでしたが、魚が獲れない長野や岐阜などの内陸地域では、重要なタンパク源確保として昆虫食文化が存続したのです。

国内においての昆虫食は、さまざまなものが食べられてきた記録がありますが（次ページ参照）、主にイナゴ（バッタ類）、ハチの子、ザザムシ（カワゲラ・トビケラ）、カイコさなぎ、カミキリムシなどがもっともポピュラーなのが分かります。また、長野をはじめ中部地方から近畿地方にかけて、さまざまな昆虫が食されている事実も汲み取ることができます。

多くは捕獲後、湯がくなどをした後、甘辛く煮詰める、いわゆる〝佃煮〟のようにして食べることがほとんどです。乾燥させた後、粉にしてみそに混ぜ込む……という方法もあります。

これは見た目でも食べやすくするのと同時に、濃いめの味付けにすることで保存性を高める目的があると考えられます。

海が近くにあっても昆虫を食していた地域もあります。たとえば沖縄ではかつてはセミを網焼きなどにして食べる習慣がありましたが、これは食料難の時期に一部で行われていたことであり、現在ではほとんど行われていません。流通事情が良くなり、また食料不足があるわけで

食用昆虫の利用状況

野村健一著『文化と昆虫』1946（昭和21）年
日本出版社刊
「食用昆虫の利用状況」から抜粋

○印は利用例のあるもの

		地域						
	虫名	東北・北海道	関東	中部	近畿	中国	四国	九州
膜翅目	ハチ類（主に幼虫）	○	○	○	○	○	○	○
	アリ			○	○			
鞘翅目	カミキリ（幼虫）	○	○	○	○	○	○	○
	コガネムシ（主に幼虫）	○	○	○	○			
	ゲンゴロウ	○	○	○	○			○
	ガムシ	○	○	○	○			
鱗翅目	カイコ（主にさなぎ）	○	○	○	○	○	○	○
	ニカメイチュウ			○	○			
	マツケムシ			○	○			
	モンシロチョウ（幼虫）	○		○				○
	その他の幼虫	○		○			○	○
直翅目	バッタ類	○	○	○	○	○	○	○
	コオロギ	○	○	○	○		○	○
	カマキリ	○		○	○			
	ケラ		○	○	○		○	
	その他			○	○			○
半翅目	セミ	○	○	○	○			
	タガメ（主に卵）				○			○
その他	トンボ（主に幼虫）	○	○	○	○			○
	ヘビトンボ（主に幼虫）	○	○	○	○			○
	トビケラ・カワゲラ（幼虫）			○				

もない現代において、わざわざ昆虫を捕まえて食べる……という習慣は失われつつありました。ただ2013年のFAO報告以降、日本でも昆虫食が注目されるようになってきています。

世界の昆虫食文化

世界規模でみれば、日常に昆虫を食の糧とする文化は数多く存在しています。とりわけ歴史が古い中国ではかねてから漢方薬として使用されてきましたし、近隣のアジア諸国であるベトナム、ラオス、タイ……といった国々では、その影響もあってか多彩な昆虫食文化が存在しています。

アジアの昆虫食

バッタ、コオロギ、ケラ、カマキリ、ゴキブリ、ナナフシ、ハチ、ツムギアリ、セミ、タガメ、カメムシ、ミズムシ、ゲンゴロウ、ガムシ、ゾウムシ、カミキリムシ、センチコガネ、コガネムシ、カブトムシ、タマムシ、カイコガ、スズメガ、ボクトウガ、タケツトガ、シロアリ、トンボ、ギンバエの一種、ヤシオオオサゾウムシなど、多くの昆虫が食べられています。

タイワンオオコオロギの例

〈このコオロギは、日本のコオロギの中でも一番大きなエンマコオロギの倍以上もある大きなコオロギで、台湾から南の東南アジアに広くすんでいます。（中略）畑に出ると親指ぐらいの穴をさがし出し掘り始めます。中から出てきたコオロギをつかまえては細い竹に通します。

料理は簡単です。油を入れたなべにコオロギを入れるとカラカラになるまで揚げ、塩をふってでき上がりです。

食べてみると、中味がまるでなく、まわりのからだけを食べている感じで、塩味しかわかりませんでした〉（奥本大三郎『珍虫と奇虫』小学館より抜粋）

タイのセミ料理の例

〈タイでももちろんセミを食べます。三月の十九日に、タイ北部ドイ・ステップ山中腹にある観光地の食堂で、「セミのから揚げありますか。」と聞いてみると、店のおばさんが、「今のセミは腹の中が空っぽだからだめ。」とこたえました。（中略）

食べてみると、エビのから揚げのようでもあり、ゆでたシャコのようでもあり、かりっとしてわり合いおいしいものでした〉（『珍虫と奇虫』小学館より抜粋）

アメリカ、メキシコの昆虫食

ネイティブアメリカンにおいては、パンドラガ（ヤママユガ科）が有名です。またアメリカではかつてキャンディーにミールワーム（チャイロコメノゴミムシダマシの幼虫）が入ったものが売られ話題になりました。さらに17年に一度大発生するジュウシチネンゼミは、そのつど料理法も新聞などに載るほどです。

メキシコにおいても昆虫食は盛んに行われています。リュウゼツラン（テキーラの材料）につく「赤い虫」は、ボクトウガの幼虫で、この幼虫自体が入っているテキーラもあります（グサノ・ロジョー）。「赤い虫」は炒めても食べられ、「白い虫」（セセリチョウの幼虫）も炒め物としてレストランメニューに載っています。

オセアニア／オーストラリア

オーストラリアの先住民アボリジニの昆虫食がよく知られています。ウィッチェティグラブ（アカシアやユーカリにつくボクトウガの幼虫）、ブゴングガ（ヤガの一種）、ミツツボアリ等。

アフリカ

アフリカ諸国ではアジア以上に昆虫食が行われており、ヤママユガの一種のモパニガの幼虫であるモパニワームは有名で、重要な産物のひとつになっています。採集後、はらわたをしごき、ゆでてから乾燥させたものが売られており、揚げてスナックのようにしたり、シチューに入れて食べています。

命をいただく教育

東京都世田谷在住の白鳥氏は、昆虫料理研究会（現NPO法人昆虫食普及ネットワーク）の発足のメンバーでもあります。白鳥氏は、お子さんの通う学校での課外授業の一環として『命をいただく教育』と題し、飼育したカイコを食べるという会を実施し、好評を博しました。そこで『命をいただく教育』とはどんなものなのか、白鳥氏に話を聞いてみることにしました。

「一昨年、私どもの子供が小学4年生のとき、授業でカイコを飼育し、まゆ玉をとる……というものがありましたが、それまではまゆ玉をとったらあとはなかの虫（さなぎ）は捨ててしまっていたわけです。そこで先生にカイコをただ飼育し観察するだけではなく、日本では元来それを食料としていたという伝統がある、そこで〝食育〟という観点から、食べるところまでやったほうがいいのでは？　と提案してみたところ、先生も同意してくださいまして、保護者と先生も集まる会の際に、その企画を実施し、カイコを使った料理をみなさんに食べてもらったのです」

子供たちの反応

「その会の際、僕はカイコのさなぎで佃煮を作ったものを持っていくのと同時に、韓国の食材屋さんからも缶詰など数種を購入し持っていきました。子供たちにはすこぶる評判が良かったですね。子供たちは先入観はありませんし、好奇心も旺盛です。一方大人たちはというと、やはり実際に手に取って食べられた方は4割くらいでしょうか（笑）。そのなかには、これはすばらしい試みだと、誉めてくださった方もいらっしゃいましたし、残ったものをご主人にも食べさせたいので下さいとおっしゃる方も（笑）。また、この味は好きだからもっと食べてみたい……という方も。……と考えますと、この提案があながち間違っていなかったと確信しましたね」

さまざまな価値観

「やはり、いろんな人がいて、その分価値観もバラバラですし、好き嫌いがあるのは当然のこと。それを自分の枠組みだけで判断してしまう人にとっては、絶対に手にとることもしないし、匂いをかいで食べてみるなんてことはしません。ですからモノをアタマで食べる人にとっては難しいかもしれません。虫を食べられるかどうか……は、想像力の柔軟さが問われますね」

対外的な活動

「地域の自治体に生涯学習講座という形で提案しているところです。自分で育てたものを自分でその命を絶ち、責任を持って食す。魚であれ虫であれ同じことが言えます。こういった機会を増やしていきたいですし、どんどん広がることを期待しています」

NPO法人昆虫食普及ネットワークの活動内容

昆虫食というとかくゲテモノ扱いされます。でも少し歴史をさかのぼれば人は虫を日常食として生き延びてきました。世界的に見れば虫が好んで食べられている地域もあり、日本でも長野などでいまでも土産物店やスーパーに昆虫の佃煮の缶詰や瓶詰が売られています。当会はそんなおいしくてヘルシーな昆虫食材にスポットを当て、従来の佃煮だけでなく、バラエティーに富んだ創作料理を作って楽しむ活動をしています。

自然のなかで採集し、調理し、試食するという、昆虫食の原点に立ったイベントが人気です。夏の「セミ会」、秋の「バッタ会」では、多数が参加して虫取りから食べるまでを楽しんでいます。

定期的な試食会も東京都内で開催しています。食材を持ち寄って参加者みんなで作って食べる会です。こちらも気軽に昆虫料理が食べられる人気イベントになっています。

あとがき

1998年、東京の多摩動物公園で「世界の食用昆虫展」が開かれました。家が近いこともあり何気なく出かけた催しでしたが、それが昆虫料理にのめり込むきっかけでした。以来友人を誘って河原や雑木林にでかけて虫を取り、その場で素揚げなどして楽しむこととなりました。まだ小さかった息子もいっしょにでかけ、網をふって虫取りに興じ、旺盛な食欲にまかせて虫をムシャムシャ食べてくれました。上京して約20年間ずっとインドア派だったわたしでしたが、それからはアウトドア派に変身したままです。昆虫食のインパクトがいかに強かったかが分かります。

「生まれは長野です」というとたいがいの人は納得してくれます。でも長野出身で納得できない人がいるかもしれませんが……。長野は昔から昆虫食が盛んな地域のひとつといっていいでしょう。長野市に生まれたわたしも例外ではなく、小さいころカイコさなぎの洗礼をうけました。長野県は南北に長くどんな虫を食べるかは地域によって違います。長野市は北に位置するので「北信」と呼ばれ、もっぱらカイコさなぎを食べていました。祖父の大好物で、煮付けたさなぎをご飯に山盛りにかけ、おいしそうに食べていたのを懐かしく思い出します。

本書の初版の発行は２００８年８月でした。当時は昆虫食について知る人も少なく、ましてやレシピ本など皆無でした。「昆虫料理」という言葉も珍しかったようです。発売されたと聞いて書店に足を運んだものの、料理本のコーナーに居心地悪そうに収まっているのを見て、なんとも気恥ずかしい思いにかられ、そそくさとその場を立ち去ったのを、実に昨日のことのように覚えています。

あれから13年が経過したいま、昆虫食にこれほど関心が高まる時代が来るとは思ってもみませんでした。人口増加による食料不足や温暖化など地球規模の諸課題を解くひとつの鍵として、昆虫食を有効とするＦＡＯ報告が２０１３年に出たことがきっかけでした。さらにＳＤＧｓのいくつかの目標にも貢献することで注目されています。

しばらく品切れが続いた本書に対し、再版を望む声が多く寄せられました。そこでビジネス社に確認したところ、代表取締役の唐津隆氏に快諾いただけたことは望外の喜びであり、感謝申し上げます。

加えてこんな虫食い人間に変貌《へんぼう》してしまったわたしを同郷のよしみで赦し、実際的なレシピをアドバイスしてくれた妻千里にも感謝します。

２０２１年７月

内山昭一

食材メモ39選

本書で紹介したレシピに登場する食材としての「ムシ」の主なものをピックアップし、その特色や味、入手法などをまとめました。採取可能な季節に捕まえて保存しておくと、1年中、昆虫料理を楽しむことができます。購入可能な「ムシ」については70ページのコラム「購入のポイント」も参考にしてください。

※《　》内は別称。
※＊印のついた虫は昆虫以外

【アルゼンチンモリゴキブリ《デュビア》】

● 調理：炒める、揚げる　　● 入手：購入、飼育
● 季節：周年

体長約50㎜。爬虫類などの餌として出回るようになってきています。飼育は容易です。大型ですが揚げると丸ごと食べられます。エビの食感です。飼育もできます。

【エダナナフシ】

● 調理：揚げる　　● 入手：採集（木の枝、葉上）
● 季節：夏

「ナナフシ」は漢字で「七節」、たくさんの節をもつ虫という意味です。その名のとおり木の枝そっくりに擬態することで知られています。あまりに木の枝そっくりなのに感心します。カリッと揚げてサクサクいただきましょう。チョコレートでコーティングすると「小枝チョコ」そっくりです。

【エビガラスズメ】

● 調理：炒める、煮る、揚げる、干す
● 入手：採集（ヒルガオ科植物（サツマイモなど）の葉上）
● 季節：秋

大型の蛾の仲間です。成虫はお腹の赤と黒の縞模様がきれいで、幼虫も色彩の変化にとんでいます。幼虫を炒めたり揚げたりして食べます。アフリカなどでは乾燥させて保存食にしています。秋になると幼虫はさなぎになる場所をさがして歩き回ります。そのため土手を横断しているところを採集できます。自転車にひかれたり人に踏まれたりしていて残念な思いをすることがよくあります。眼の良いカラスに先を越されて取られてしまうこともしばしばです。

【エンマコオロギ】

● 調理：煮る、炒める、揚げる　　● 入手：採集（草原、田畑、人家周辺）
● 季節：秋

名前に似合わず「コロコロリー」と優しく鳴きます。大型ですが皮がやわらかいので、カレーに煮込んでもおいしくいただけます。

【オオカマキリ】

● 調理：焼く、揚げる　　● 入手：採集（草原）
● 季節：秋（成虫）、冬（卵鞘）

成虫は秋の子持ちメスが美味です。お腹の大きなメスを採集しましょう。アルミホイルに包ん

で蒸し焼きにすると卵そのものの味を味わうことができます。揚げるとさらに食べやすいでしょう。カマキリというとハリガネムシの寄生が知られていますが、ハラビロカマキリに多く、オオカマキリに寄生することは少ないようです。
幼虫を得るには冬季に卵鞘を集めておきます。以下に手順を示します。
(1) 冬季に草むらで卵鞘を集め、家の軒先などに吊して保管する。
(2) 桜が咲くころ部屋に移して孵化セットを作り、孵化を待つ。
(3) 孵化したらチャックを閉じて冷蔵庫に入れ、しばらくして他の保存容器へ移す。
孵化セットの作り方
(材料)
　チャック付ポリ袋（25㎝×17㎝ぐらい）
　ストロー（25㎝以上、袋から少し出る程度）
　ビニールテープ
(セットのしかた)
・ストローに卵鞘をビニールテープで固定する。
・卵鞘の上下を正しく袋にいれ、チャックを閉じ、ストローの先を出して空気穴にする。
・部屋の壁にピンなどで固定する。
・留守にしていて部屋中カマキリベビーという事態も考えられます。1日家を空けるときなどはストローを折り曲げチャックを閉じて出かけたほうが無難です。
・袋の底にカスがたまってきたらカマキリカツオブシムシの寄生が考えられます。この場合は卵が食べられてしまって孵化しません。かわりに小さな黒い甲虫がでてきます。

【オオゴキブリ】
● 調理：炒める、揚げる　● 入手：採集（森林）、飼育
● 季節：周年
森林性の在来種。体長約40㎜。立ち枯れたマツなどの内部に暮らし、木質部を餌にしています。木の皮を剥いで内部を崩して採集します。集団生活なので1匹見つかるとたくさん採集できます。越冬中が採集しやすく餌も食べないので臭みもなく美味です。クワガタムシなどと同じ設備で飼育もできます。

【オオスズメバチ】
● 調理：焼く、炒める、煮る、蒸す、ゆでる、揚げる、炊く
● 入手：購入
● 季節：夏〜秋
おもに幼虫とさなぎを食べます。宮崎県などでいまでもオオスズメバチを炒めたりして食べる食文化が残っています。大きくてやわらかなのでどんな料理にも応用できて食べ応えも満点です。まゆを作った直後の状態を「前蛹」といい、最も美味といわれています。さっと湯がいて刺身じょうゆでいただくのが最高です。

【オンブバッタ】
● 調理：炒める、揚げる　● 入手：採集（草原、畑）
● 季節：夏
メスでも40㎜ぐらいの小型種で、オスがメスにいつも乗っているのをみかけます。採集はとても簡単です。小さいのでたくさんとってかき揚げなどするといいでしょう。

【カイコガ《ヒビ（さなぎ）、ドキョ（さなぎ）》】
● 調理：炒める、煮る、干す　● 入手：購入、飼育
● 季節：周年
カイコガは絹を生産することで人類に貢献してきた昆虫です。糸を取って残ったさなぎも貴重

なタンパク源として食用にされてきました。中国やタイなどでいまでも食べられ、韓国では缶詰として出回っているほどです。日本でも韓国食材店で缶詰を買うことができます。日本では養蚕農家が激減し、国内産さなぎの入手がなかなか難しくなってきているのが現状です。身近に桑の葉があれば、自分で飼育してみるのも面白いでしょう。

【カタツムリ＊】

● 調理：煮る　● 入手：採集（石灰岩地に多い）

● 季節：梅雨など湿度の高い時期

梅雨どきなどカタツムリの旬です。たくさん取れたら数日絶食させ、ゆでて殺菌し、冷凍しておきましょう。カタツムリ、ナメクジなど陸生貝、タニシなど淡水生巻貝は広東住血線虫などに寄生されている場合があります。調理に際しては石鹸などでしっかり手を洗い、感染には十分注意しましょう。フランス料理のエスカルゴ（リンゴマイマイ科）は香辛料が強く、もっとあっさり和風味で食べたいときなど便利です。解凍したらさっとゆでて酢じょうゆでさっぱりいただきましょう。

【カミキリムシ類《テッポウムシ（幼虫）》】

● 調理：焼く、炒める、煎る、揚げる

● 入手：採集（木の幹（成虫）、内部（幼虫））

● 季節：夏〜秋（成虫）、冬〜春（幼虫）

幼虫は昆虫食材のなかでもっとも美味とされています。木材を加害する林業・農業害虫として知られています。カブトムシと違って生木を食べるので臭みがありません。採集したばかりの新鮮な幼虫をフライパンで炒めるとほのかに甘くクリーミー。かつては薪割りの際発見されて子どものおやつになったりしたものです。いまではそうした機会がなく貴重な食材です。成虫の食べ方はホイル焼きなどして割って胸肉を食べます。

【キイロスズメバチ】

● 調理：焼く、炒める、煮る、蒸す、ゆでる、揚げる、炊く

● 入手：購入、採集（家屋付近、軒下、天井裏）

● 季節：夏〜秋

他のスズメバチと食べ方はほぼ同じです。オオスズメバチは大型なのでフン抜きが必要ですが、キイロスズメバチはその必要もないでしょう。駆除業者に分けてもらえるのは家屋付近に営巣することの多いこの種が一番多いでしょう。

【クビキリギス】

● 調理：揚げる　● 入手：採集（草原）

● 季節：春、秋

ツチイナゴと同じく春に成虫がみられます。口の周りが真っ赤な口紅をぬったように赤く、噛まれるといかにも痛そうです。キリギリスの仲間で、たまに昆虫類も食べます。クビキリギスを食べると春を実感します。

【クルマバッタ】

● 調理：揚げる　● 入手：採集（草原）

● 季節：夏〜秋

トノサマバッタよりやや小振りです。後翅に輪のような模様があるのでこの名がついています。飛ぶ距離もトノサマバッタより短いので採集しやすくなります。食べ方はトノサマバッタとほとんどおなじです。

【クロスズメバチ《ジバチ、ヘボ》】
● 調理：焼く、炒める、煮る、蒸す、ゆでる、揚げる、炊く
● 入手：購入
● 季節：夏〜秋
クロスズメバチはイナゴと並んで日本で食べられる虫の代表です。中部地方に昔から伝わる伝統食で、さまざまな調理法がいまに伝えられています。なかでも米に混ぜて炊き込んだ「ハチの子飯」はもっともポピュラーなハチ料理のひとつです。

【クワガタムシ類】
● 調理：焼く、炒める、揚げる　● 入手：採集（雑木林）、購入
● 季節：夏（成虫）、冬（幼虫）
クワガタムシ成虫は食べてしまうのがもったいないと思う人も多いでしょう。そこで比較的多く採集できるコクワガタ幼虫で試食してみてはいかがでしょうか。冬季に雑木林で倒れた朽ち木を崩すとみつかります。

【コバネイナゴ】
● 調理：焼く、炒める、煎る、揚げる、干す
● 入手：購入、採集（水田周辺）
● 季節：夏〜秋
イナゴの佃煮というと昆虫食の代名詞です。水田の稲を食べる害虫としての反面、貴重なタンパク源としてよく食べられてきました。一時農薬の影響で激減しましたが、最近は減農薬などでまた水田や周辺の草地でみかけるようになってきました。粉にして混ぜてパンやクッキーを焼くと気軽に食べられます。

【サクサン】
● 調理：焼く、炒める、煎る、煮る、ゆでる、揚げる、干す
● 入手：購入
● 季節：周年
羽を広げると約120㎜にもなる大型のガで中国産。食用とするさなぎも巨大です。中国食材店で購入できるので重宝しています。外皮は硬いので普通は中身を食べますが、乾燥させると皮までパリパリ食べられます。コナラの葉などを食べているのでカイコほど味にクセがありません。

【ショウリョウバッタ】
● 調理：揚げる　● 入手：採集（草原）
● 季節：夏
体長ではトノサマバッタをしのぎ、メスは最大80〜90㎜にもなります。顔も細面ですらりとした体型。トノサマバッタほど飛翔力がないので採集は比較的簡単です。一見硬そうですがトノサマバッタ同様揚げるとサクサク食べられます。大きいので食べ応えもあります。

【ジョロウグモ＊】
● 調理：揚げる　● 入手：採集（木の枝まわり）
● 季節：秋
お尻が真紅の婚姻色に染まると食べ頃、よく太ったメスを選んで採集するといいでしょう。クモは飛ぶことはないので採集は容易です。ただ噛まれると少し痛いので気をつけましょう。軍手をはめるか、手早く採集すれば大丈夫です。ジョロウグモ毒は熱を通せば解毒されるので安全ですし、人間の消化器系のなかで分解されるので食べても害を及ぼすおそれはありません。

【セミ類】
● 調理：焼く、炒める、揚げる　● 入手：採集（近くの公園、並木）
● 季節：夏
なんといってもおいしいのが羽化直前の幼虫です。日没をまって土からでてきて羽化するまでの間に採集します。ポイントが分かればたくさん取ることができます。串焼き、油炒め、天ぷら、フライなどどんな料理にも合います。殻もあまり苦になりません。燻製にすると香りも加わりさらにおいしくいただけます。成虫は揚げて食べます。

【ゾウムシ類】
● 調理：炒める、煎る、揚げる　● 入手：採集（各種の植物）
● 季節：春〜夏
成虫は硬い殻で覆われていますが、小型種なら揚げれば丸ごとコリコリ食べられます。幼虫は美味です。栗などに入っているクリシギゾウムシ（クリムシ）など、フライパンで煎ると香ばしく、噛むとプチプチはぜてほんのりした甘さが口の中に広がります。東南アジア原産のヤシオオオサゾウムシの幼虫はヤシ科植物の害虫ですが、美味な虫としても広く知られ、よく食べられています。

【タイワンオオコオロギ】
● 調理：炒める、揚げる　● 入手：購入
● 季節：周年
南方系の大型のコオロギで、タイなどで食べられています。ネットなどでも購入できます。

【タイワンタガメ】
● 調理：炒める、蒸す、ゆでる、揚げる　● 入手：購入
● 季節：周年
「香りはバナナ、味は洋ナシ」と言われ、東南アジア各国で珍重されています。ゆでて中身を取り出し香り付けにする使い方が定番です。野菜炒めやスープのだしにしてもいいですし、夏バテで食欲のないときなどソーメンの薬味に入れても美味しくいただけます。このほか「タガメチリペースト」の瓶詰が売られていて、このまま使えて便利です。

【タイワンツチイナゴ】
● 調理：揚げる　● 入手：購入
● 季節：周年
ツチイナゴと近縁で分布は南西諸島以南です。メスは最大80㎜と大型。タイの食材店などで揚げて塩をふりパック詰めされたものが売られています。

【タケツトガ《タケムシ（幼虫）》】
● 調理：揚げる、炒める、ゆでる　● 入手：購入
● 季節：周年
タケの髄だけを餌にしているのでクセがなく、食習慣のない日本人にも食べやすい。さっと炒めて塩をふるとサクサクしたスナックとして楽しめます。ゆでるとほんのり甘くミルクのような味がします。

【チャイロコメノゴミムシダマシ《ミールワーム（幼虫）》】
● 調理：炒める、ゆでる、揚げる　● 入手：購入、飼育
● 季節：周年
ゴミムシダマシ科の仲間で、小動物の餌として普及しています。揚げると小エビに近いサクサ

クした食感で食べやすく、虫が初めてという人におすすめです。

【ツチイナゴ】

● 調理：炒める、揚げる　● 入手：採集（草原）

● 季節：秋〜春

バッタのほとんどはイネ科の葉を食べますが、ツチイナゴはクズやカナムグラなど葉の広い植物を食べます。成虫で越冬するのも特徴です。そのため虫の少ない春先などとても貴重です。

【ツムギアリ】

● 調理：炒める、煮る　● 入手：購入

● 季節：周年

幼虫の吐く糸で葉をつないで樹上に巣を作るのでこの名があります。東南アジアのタイなどで卵、幼虫、さなぎなどが食用とされ、日本でも缶詰で買うことができます。炒め物にまぜたりスープにしたりすると、虫を食べたことのない人でもおいしく食べることができます。

【ツヤケシオオゴミムシダマシ《ジャイアントミールワーム（幼虫）など》】

● 調理：炒める、ゆでる、揚げる　● 入手：購入、飼育

● 季節：周年

ゴミムシダマシ科の仲間ですが、これまでのミールワームよりはるかに大きいのでこの商品名があります。いまペットショップではこちらが主流です。試食会などでちょっと食材が足りないときなどいつでも買えて便利です。

【トノサマバッタ】

● 調理：揚げる　● 入手：採集（草原）

● 季節：夏〜秋

仮面ライダーのモチーフになったおなじみのバッタです。河原の広い草地などにいます。採集はお父さんの出番です。よく飛ぶので取るのがたいへん。でも日頃の運動不足が解消され、お子さんにも尊敬されるめったにない機会です。体長最大で70㎜にもなる大型なので食べ応えも抜群です。栄養的にも良質なタンパク質が豊富で脂肪が少ないヘルシー食品です。河原で取り立てをご家族みんなで楽しくいただきましょう。

【トビズムカデ*】

● 調理：焼く、煎る、揚げる、干す　● 入手：採集（日陰のやや湿った倒木の内部）

● 季節：周年

ムカデは衛生害虫として嫌われています。なかでもトビズムカデは最大150㎜にも及ぶ大型種です。咬まれる実害以上に多数の脚で素早く動くのも心理的に嫌われる原因です。たしかに倒木を崩していて急にシュルシュル這い出してくると身構えますが、軍手で掴めばまず安全で咬まれることはありませんし、ピンセットを用意していればはさんでケースに入れてしまいましょう。揚げると骨せんべいのようにポリポリ食べられます。とくに冬から春にかけては苦みが少なく食べやすいようです。

【ハウスクリケット（またはヨーロッパイエコオロギ）】

● 調理：煮る、炒める、揚げる　● 入手：購入、飼育

● 季節：周年

ペットショップで爬虫類・両生類・魚類の餌として売られています。フタホシコオロギにくらべ体色が淡いベージュでやわらかく、心理的にも食べやすいのが特徴です。さっとゆでてサラダに混ぜてもおいしくいただけます。周年飼育と繁殖が可能です。

【ハナムグリ類】

● 調理：焼く、揚げる
● 入手：採集（雑木林、公園など樹液の出る広葉樹、花）
● 季節：夏（成虫）

幼虫は臭みがあって食べにくく、成虫が食材には向いています。コアオハナムグリなどは小さいので揚げると丸ごとポリポリ食べられます。カナブンもこの仲間です。

【ヒゲナガカワトビケラ《ザザムシ》】

● 調理：煮る　● 入手：購入
● 季節：冬〜春

長野県の天竜川に生息するヒゲナガカワトビケラ幼虫が主体です。寒中の時期が漁期と決められ、この時期のザザムシが脂がのって一番おいしいとされています。佃煮が珍味として高価に取引されています。年によって収量が少なく品切れになる場合もあります。

【フタホシコオロギ】

● 調理：煮る、炒める、揚げる　● 入手：購入、飼育
● 季節：周年

ペットショップで食べたいときにいつでも手に入るので便利です。成虫がたくさんいると鳴き声がうるさいくらい元気です。体色は見慣れた黒です。周年飼育と繁殖が可能です。

【マダガスカルゴキブリ】

● 調理：炒める、揚げる　● 入手：購入、飼育
● 季節：周年

体長約70㎜。大型で殻はかなり硬いので開いて中身を食べます。味は淡泊で白身魚に似ています。子持ちメスはとても美味です。飼育でき、野菜クズなどもよく食べてくれます。ペットとしても人気です。

【ヤマトゴキブリ】

● 調理：炒める、煮る、揚げる　● 入手：採集（人家付近の雑木林）
● 季節：夏

在来種。体長約30㎜。夏に雑木林でカブトムシなどといっしょに樹液をなめているところを採集します。外皮がやわらかなので炒めたり揚げたりして食べます。佃煮にしてもおいしくいただけます。

【ヤママユガ】

● 調理：焼く、炒める、揚げる　● 入手：採集（雑木林）
● 季節：夏

羽を広げると約80㎜の蛾。黄緑の美しいまゆを作ります。さなぎはカイコほどクセがなく淡泊です。成虫は子持ちのメスの食感が独特です。卵は弾力があり噛むとぱちぱち弾けるようです。

索引

昆虫食関連文献目録

【あ】

赤池学（2006年）：『昆虫力』、小学館。

アダムズ，ジーン編／小西正泰監訳（1995年）：「見逃されている食料源」、『虫屋のよろこび』、平凡社、98〜104頁。

歩く食通の会編（1971年）：『全国ゲテモノ案内』、双葉社。

池田清彦（1997年）：「虫喰う人も好きずき」、『虫の思想史』、講談社学術文庫、99〜114頁。

池田清彦（2006年）：『他人と深く関わらずに生きるには』、新潮文庫、106-107頁。

池田清彦（2007年）：『ゼフィルスの卵』、東京書籍、44-45、62-63、78-79、108頁。

宇田川勝司（2007年）：「長野県伊那市のいっぷう変わった郷土料理とは？」、『ビックリ！意外日本地理』、草思社、120〜121頁。

内山昭一（2012年）：『昆虫食入門』、平凡社新書。

梅谷献二（2004年）：『虫を食べる文化誌』、創森社。

NHK「恐竜」プロジェクト編（2006）：『恐竜VSほ乳類——1億5千万年の戦い』、ダイヤモンド社。

奥本大三郎（1991年）：『ファーブル昆虫記　(3) セミの料理』、集英社、60〜64頁。

奥本大三郎（1991年）：『ファーブル昆虫記　(5) オオウスバカミキリと昆虫料理』、集英社、77〜100頁。

大崎茂芳（2004年）：『クモはなぜ糸から落ちないのか』、PHP研究所、49〜50頁。

大岡玲（1999年）：『日本グルメ語辞典』、小学館文庫、103頁。

尾上一明（1995年）：「昆虫食雑感」、『長野県民俗の会通信』第128号、長野県民俗の会、7頁。


【か】

片桐充昭、友竹浩之、奥山涼子（2004年）：「スズメバチ幼虫のタンパク質構成アミノ酸分析」、『飯田女子短期大学紀要』、第21集、64-72頁。

片桐充昭、友竹浩之、久保田芳美（2006年）：「食用昆虫の栄養学的特性1　〜スズメバチ幼虫・トビゲラ幼虫〜」、『日本栄養・食糧学会60回講演要旨集』、385頁。

川合述史（1997年）：『一寸の虫にも十分の毒』、講談社。

北寺尾ゲンコツ堂（1996年）：『「ゲテ食」大全』、データハウス社。

木下謙次郎（1925年）：『美味求真』、「第一巻第七章　悪食篇」、五月書房、381〜445頁。

小泉武夫（2003年）：「不味い虫」、『不味い！』、新潮社、84〜91頁。

講談社編（1999年）：『日本食材百科事典』、講談社、275頁。

国際連合食糧農業機関〔FAO〕(2013年)：『Edible insects - Future prospects for food and feed security -』。


【さ】

篠永哲、林晃史（1996年）：『虫の味』、八坂書房。

篠原圭三郎（1998年）：『虫たちを探しに——自然から学ぶこと』、NHKブックス825、日本放送出版協会、194〜197頁。

清水大典（2001年）：『冬虫夏草』、グリーンブックス51、ニュー・サイエンス社。

椎名誠（2004年）：「虫を食う話」、『ただのナマズと思うなよ』、文藝春秋、143〜148頁。

鈴木知之（2005年）：『ゴキブリだもん〜美しきゴキブリの世界〜』、幻冬舎。

鈴木了司（1996年）：『寄生虫の世界』、NHKブックス764、日本放送出版協会、125〜131頁。


【た】

武田敏（2003年）：『昆虫機能の秘密』、工業調査会、52〜68頁。

高野悦子（1982年）：『信州の郷土料理』、信濃毎日新聞社、52〜55頁。

出嶋利明（2000年）：『図解雑学　昆虫の科学』、ナツメ社、156〜161頁。

デアゴスティーニ・ジャパン編（2005年）：「食べる虫の文化史」、『世界の昆虫データブック』第2号、デアゴスティーニ・ジャパン。

デアゴスティーニ・ジャパン編（2006年）：「ツムギアリの採集風景」、『世界の昆虫データブック』第33号、

8頁、デアゴスティーニ・ジャパン。

【な】

中込睦子（1995年）:「虫食う人々」、『長野県民俗の会通信』第128号、長野県民俗の会、5〜7頁。

西江雅之（2005年）:『「食」の課外授業』、平凡社新書。

西田利貞（2001年）:『動物の「食」に学ぶ』、女子栄養大学出版部。

野中健一（1995年）:「昆虫食について」、『長野県民俗の会会報』第19号、長野県民俗の会、1〜18頁。

野中健一（2005年）:『民族昆虫学——昆虫食の自然誌』、東京大学出版会。

野中健一（2007年）:『虫食む人々の暮らし』、NHKブックス1091、日本放送出版協会。

野村健一（1946年）:「昆蟲食」、『文化と昆虫』、日本出版社、57〜64頁。


【は】

羽根田治（2004年）:『野外毒本』、山と渓谷社。

ハリス，マーヴィン／鈴木洋一訳（1990年）:『ヒトはなぜヒトを食べたか』、早川書房、206〜207頁。

ハリス，マーヴィン／板橋作美訳（2001年）:「昆虫栄養学」、『食と文化の謎』、岩波現代文庫、213〜243頁。

日比野光敏（2001年）:『すしの事典』、東京堂出版、156頁。

普後　一（2008年）:『人が学ぶ　昆虫の知恵』、東京農工大学出版会、118〜125、134、146〜147頁。

藤田紘一郎（2005年）:「チョウのサナギと幼虫に「がん」を治す物質がある」、『「万病」虫くだし——病気、バイ菌、寄生虫たちとの上手なつきあい方』、廣済堂出版、56〜57頁。

伏木亨（2005年）:『人間は脳で食べている』、ちくま新書、筑摩書房。

船山信次（2007年）:『毒と薬の科学』、朝倉書店。

本多勝一（1998年）:「信州はなぜ「長寿日本一」なのか？　伊那谷の昆虫食を考える」、『週刊金曜日』第234号、週刊金曜日、22〜23頁。

本多勝一（2000年）:「こんなものを食べてきた！　84　カミキリムシ」、『週刊金曜日』第340号、週刊金曜日、48〜51頁。

ホールト，ヴィンセント・M／友成純一訳（1996年）:『昆虫食はいかが？』、青土社。


【ま】

マミヤ狂四郎他（2007年）:「ゴキブリも揚げるといけますよ！　虫食い同好会に隠密取材」、『乱世のサバイバル教典』、太田出版、191-195頁。

松浦誠（2002年）:『スズメバチを食べる——昆虫食文化を訪ねて』、北海道大学図書刊行会。

松永モモ江（2000年）:『野山の旬を味わう　四季の田舎料理　秋冬編』、農山漁村文化協会。

水野壮監修（2016年）:『昆虫を食べる！』、洋泉社。

水原秋櫻子、加藤楸邨、山本健吉監修（1998年）:『日本たべもの歳時記』、「蝗、蜂の仔」、講談社＋α文庫、312〜313頁。

三橋淳（1984年）:『世界の食用昆虫』、古今書院。

三橋淳（1997年）:『虫を食べる人びと』、平凡社。

向山雅重他編（1986年）:『聞書　長野の食事』（日本の食生活全集20）、農山漁村文化協会。

村上紀史郎編（2001年）:『悪食コレクション——あるいは〈食〉としての文化人類学』、芳賀書店。

盛口満（2005年）:『わっ、ゴキブリだ！』、どうぶつ社、128〜130、165〜168、210〜211頁。


【や】

養老孟司、奥本大三郎、池田清彦（1996年）:『三人寄れば虫の知恵』、「虫を食う話」、新潮文庫、125〜151頁。


【わ】

渡辺武雄（1982年）:『薬用昆虫の文化誌』、東京書籍。

著者略歴

内山昭一（うちやま・しょういち）

1950年長野市生まれ。昆虫料理研究家、NPO法人昆虫食普及ネットワーク理事長、NPO法人食用昆虫科学研究会理事。

昆虫の味や食感、栄養をはじめ、あらゆる角度から食材としての可能性を追究。2013年5月、国連食糧農業機関（FAO）の昆虫食を推奨する報告書が出て世界的に注目されるなか、昆虫料理研究の活動の幅を大きく広げ、楽しさの探求のみならず、科学的な啓蒙活動を精力的に続けている。定例の昆虫料理試食会をはじめ、アウトドアで捕って食べるセミ会、バッタ会を実施し、さらに日本各地で講演などを行って昆虫食普及に努めている。

著書に『昆虫食入門』（平凡社新書）、『昆虫は美味い！』（新潮新書）、『食の常識革命！　昆虫を食べてわかったこと』（サイゾー）、共著に『人生が変わる！　特選 昆虫料理50』（山と渓谷社）、監修に『食べられる虫ハンドブック』（自由国民社）、『ホントに食べる？　世界をすくう虫のすべて』（文研出版）などがある。東京都日野市在住。

・NPO法人昆虫食普及ネットワーク：https://www.entomophagy.or.jp/

・昆虫食彩館——昆虫食を楽しもう——内山昭一
　Official Website：http://insectcuisine.jp/

・E-mail：uchiyama@entomophagy.or.jp

編集協力／渡邉博海
撮影／城ノ下俊治

【新装版】楽しい昆虫料理

2021年7月15日　第1刷発行

著　者　　内山 昭一
発行者　　唐津 隆
発行所　　株式会社ビジネス社

〒162-0805　東京都新宿区矢来町114番地 神楽坂高橋ビル5階
電話　03(5227)1602　FAX　03(5227)1603
http://www.business-sha.co.jp

印刷・製本　大日本印刷株式会社
〈カバー・デザイン・本文組版〉茂呂田剛(エムアンドケイ)
〈営業担当〉山口健志
〈編集担当〉本田朋子

ISBN978-4-8284-2297-8

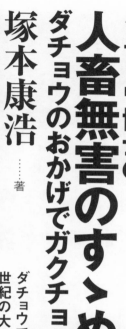

ビジネス社の本

動物が教えてくれるLOVE戦略
「死ぬまでSEX」の大問題！

竹内久美子……著

定価1540円（税込）
ISBN978-4-8284-2223-7

あなたは真面目型？
それとも浮気型？

動物行動学と遺伝子から見た「性」の真実
あなたの欲望には意味がある！

◎女は男を顔で選べ！
◎美人は徳だらけ　美人薄命のウソ
◎ハゲは免疫力が強い
◎睾丸で生きる男、レイプ犯を選ぶ女
◎浮気性は遺伝する
◎モテて短命か、モテずに長寿か

本書の内容

第1章　男は睾丸で生きている
第2章　女の目はペニスを追いかける
第3章　なぜ欲情を抑えられないのか
第4章　モテ親父とセクハラ親父の悲しい境界線
第5章　モテなくても大丈夫
第6章　男と女の「死ぬまでセックス」問題
第7章　私の「新型コロナ」考